MARCELO VARGAS A.

UNA FE QUE SE INDIGENIZA

UN ESTUDIO ANTROPOLÓGICO-MISIOLÓGICO SOBRE LA IDENTIDAD DE LOS AIMARAS NEOPENTECOSTALES

Una fe que se indigeniza:
Un estudio antropológico-misiológico sobre la identidad de los aimaras neopentecostales
© *Marcelo Vargas A.*

Título original en inglés: *Faith That Indigenizes: Neo-Pentecostal Aimara Identity*
Langham Academic, Carlisle, Cumbria, United Kingdom
© 2022 Marcelo Vargas A.

© 2024 Centro de Investigaciones y Publicaciones (CENIP)
Hecho el Depósito Legal en la Biblioteca Nacional del Perú N° 2024-13706
Primera edición, diciembre de 2024

Categoría: Religión - Teología

ISBN N° 978-612-5026-46-0 | Edición impresa
ISBN N° 978-612-5026-47-7 | Edición digital

Editado por:
© 2024 Centro de Investigaciones y Publicaciones (CENIP)
Para su sello editorial: Ediciones Puma
Av. 28 de Julio 314, Int. G, Jesús María, Lima
Apartado postal: 11-168, Lima - Perú
Telf.: (51) 993246266
E-mail: administracion@edicionespuma.org | ventas@edicionespuma.org
Web: www.edicionespuma.org
Ediciones Puma es un programa del Centro de Investigaciones y Publicaciones (CENIP)

Edición: Alejandro Pimentel
Diagramación: Hansel J. Huaynate Ventocilla

Esta traducción ha sido adaptada por el propio autor y se publica por acuerdo con Langham Publishing.

ISBN N° 978-612-5026-46-0

Impresión bajo demanda

Contenido

Prólogo

Me causa mucha alegría dar la bienvenida a un nuevo libro que, por su peculiaridad e impronta particular, tiene una contribución original y significativa al conocimiento científico en el campo de la religión y sus afectos culturales, sociales y políticos. Me refiero al libro del Dr. Marcelo Vargas, *Una fe que se indigeniza: Un estudio antropológico-misiológico sobre la identidad de los aimaras neopentecostales*. El libro es un examen crítico a la experiencia religiosa-cultural-social de una iglesia neopentecostal en La Paz, Bolivia: la Iglesia Poder de Dios.

Esta iglesia neopentecostal, si bien posee características comunitarias y prácticas rituales que la vinculan a la comunidad evangélica, especialmente al pentecostalismo, tiene sin embargo, creencias y prácticas que se relacionan con el sentir y pensar aimara, es decir, con la cosmovisión de uno de los pueblos originarios de Bolivia. Aunque, como se precisa en este libro, se trata de una relación que no siempre parece clara y visible, sino que es subterránea y aflora en la vivencia cotidiana de los miembros de esta iglesia neopentecostal, incluso desmarcándose del lenguaje y la práctica religiosa oficial del sujeto religioso al que pertenecen.

El autor comienza el examen crítico de la propuesta religiosa de la Iglesia Poder de Dios, situando al sujeto de estudio en su contexto sociocultural particular. Detalla la marca o sello especifico de la cultura aimara, es decir, proporciona una descripción de la identidad aimara concentrándose especialmente en su cosmovisión y espiritualidad, subrayando que su vida social es multicultural e intercultural y, además, que se trata de una cultura y pueblo originario cuyas características son la reciprocidad y la vida comunitaria. Desde su punto de vista, la cultura aimara tiene una «manera peculiar de vivir y percibir el mundo». Todo esto explica, según el autor, su posicionamiento actual en el escenario religioso de la ciudad de La Paz:

> El avance del neopentecostalismo está ocurriendo en un contexto cultural específico, el aimara de la ciudad de La Paz, sin eliminar completamente o reemplazar otras religiones existentes, de modo muy similar a lo que viene sucediendo en África. La identidad indígena aimara en Bolivia todavía construye valores, comportamientos y religiosidad. Todos los evangélicos, y en particular los neopentecostales, están fuertemente influenciados por la cosmovisión indígena.

¿Cuánto de cierto o de verdad tiene esta afirmación y constatación del autor? ¿Es cierto que «todos los evangélicos y, en particular los neopentecostales, están fuertemente influenciados por la cosmovisión indígena»? A lo largo del libro, Marcelo Vargas va desmadejando, describiendo y explicando su comprensión de la propuesta religiosa específica del sujeto de estudio y, concretamente, lo que, según su punto de vista, sería la influencia de la cosmovisión indígena aimara en la vida y misión de la Iglesia Poder de Dios.

Hay que prestar mucha atención y leer con sumo cuidado los primeros capítulos de este libro para poder captar todo lo que el autor irá afirmando acerca del sujeto religioso que él examina críticamente. Una pregunta que podría formularse cuando se lee el libro sería la siguiente: ¿En qué se parece y en qué se diferencia la experiencia de la Iglesia Poder de Dios de la experiencia de otras iglesias neopentecostales de América Latina y el Caribe hispano? En otras palabras, ¿las lecciones que se derivan del examen crítico de la propuesta religiosa-social-cultura de la Iglesia Poder de Dios valen también para las otras versiones del neopentecostalismo presentes en nuestra región? Es decir, ¿todas las versiones del neopentecostalismo han sido influenciadas, en mayor o menor grado, por la cosmovisión de los pueblos originarios, sea en Perú, Ecuador, México o Guatemala, países con una alta población indígena y en los que existen iglesias neopentecostales que, difícilmente, en su composición social se parecerían a la Iglesia Poder de Dios?

Existe la posibilidad de que la experiencia particular de la Iglesia Poder de Dios no tenga correlación con la presencia religiosa, social y cultural de otras iglesias neopentecostales, cuyos miembros son principalmente personas y familias que manifiestan una mentalidad y un modo de vida urbano, que provienen de la clase media emergente o en crisis, y cuyo interés se orienta más a reproducir el estilo de vida que promueve este mundo postmoderno, sin vínculos cercanos con los pueblos originarios y su cosmovisión y sentido de pertenencia comunitaria, en la que la reciprocidad es un elemento irrenunciable.

Sin embargo, la lectura de este libro resulta sumamente útil y valiosa porque por medio de ella se logra prestar atención a los cambios que se vienen dando desde hace décadas en el campo religioso, cambios que están reconfigurando el mapa religioso en la región, y que están produciendo transformaciones culturales y sociales que probablemente se notarán con mayor claridad en las próximas décadas. En esta época de cambios en todo orden de la vida, tal vez sea necesario una fe evangélica que se *indigenice*, es decir, una fe que beba del pozo espiritual de los pueblos originarios. Una fe evangélica que, habiéndose asentado primero como un sujeto religioso con características propias, construye paulatinamente una nueva manera de ser evangélico, que desafía a pensar y a vivir la fe cristiana desde las fibras culturales más íntimas de nuestros pueblos.

¡Bienvenido sea entonces este nuevo libro! Un libro que estimula e interpela y nos invita a *pensar y dejar pensar*, evitando el monólogo y desafiando al diálogo respetuoso y tolerante, dentro de una realidad en la que los pueblos originarios son ninguneados, invisibilizados, estigmatizados y cada vez más empobrecidos y despojados de sus saberes milenarios.

Darío López Rodríguez, PhD

Capítulo 1

Introducción

¿Cuándo en el tiempo?

Aproximadamente en el año 800 antes de Cristo (Beck, 2004: iii) un pueblo que habitaba cerca del Lago Titicaca comienza a desarrollar una manera distinta de vivir.[1] Esta expresión cultural indígena en la región andina del Lago Titicaca legitimó relaciones sociales en el tiempo y en el espacio, costumbres, valores, creencias e identidad dentro de los reinos aimaras emergentes.

El vocablo *aimara* proviene de tres palabras *aya mara aru*, las cuales unidas significan *idioma de años distantes* (Llanque 1990:176).[2] Aunque el origen de los aimaras es todavía un tema para el debate académico, es muy conocido su espíritu creativo y persistente. Esta identidad les capacitó para sobrevivir, a pesar de dos importantes invasiones: el Imperio inca dominante y la colonización hecha por el Imperio español. Este periodo invasivo fue seguido por otro en el cual los criollos, españoles nacidos en Bolivia, dominaron al pueblo aimara. Cuando Bolivia se convirtió en una república independiente el año 1825, la explotación de los aimaras se intensificó en lugar de aliviarse.

La identidad aimara no es simplemente una réplica colonial o poscolonial de la identidad híbrida inca-española. Es más bien una amalgama de características en las cuales coexisten elementos étnicos fundamentales y valores extranjeros. Hasta hoy, el pueblo aimara ha retenido su idioma, su autoctonía social, religiosa, política y hasta

---

[1]   Beck, «Platforms of power», iii.
[2]   Llanque, *La cultura aimara*, 176; Estermann, *Filosofía andina*, 9.

sus estructuras económicas gracias a su potente sentido de etnicidad. Aún la conquista española, hace más de quinientos años, seguida de intervenciones constantes, sucesivas, territoriales, sociales y culturales no pudo apagar a la cultura aimara con sus características únicas.

No se puede explicar el fuerte surgimiento de la identidad aimara que hoy se ve, simplemente refiriéndose a circunstancias recientes tales como políticas neoliberales que incrementaron la pobreza extrema o la globalización cultural que pretende hacer a todos idénticos en términos económicos y sociales y las consecuencias políticas y religiosas que esto implicaría. Los antecedentes históricos demuestran que el pueblo aimara conservó y consolidó su autonomía étnica, social y política en su larga y tenaz lucha desde tiempos precoloniales (cuando fueron confrontados por los incas).

En tiempos más recientes, particularmente en la década de 1970, la ciudad de La Paz fue testigo del surgimiento y desarrollo de la participación de actores sociales aimaras en temas como la lucha contra la pobreza, la explotación y la discriminación. Residentes aimaras urbanos y urbanizados aparecieron en el escenario como actores sociales, organizaron ideológicamente sus aspiraciones indígenas, diseminaron sus esperanzas y crearon un movimiento masivo basado en la etnicidad aimara. Sin lugar a duda, este movimiento indígena impulsó a apreciar los valores étnicos, costumbres y tradiciones como antes no se hizo en generaciones previas en Bolivia. Otro resultado innegable ha sido la elección democrática de un presidente indígena campesino, hombre de identidad aimara. Toda esta revolución socio-étnica contemporánea fue un salto para hacer impacto no sólo en la vida nacional como un todo, sino también en el fenómeno socio-religioso neopentecostal.

¿Por qué la identidad aimara?

Así como los neopentecostales, el protestantismo en general muestra un crecimiento significativo y logra un impacto sociocultural, dando lugar a reacciones diferentes y a interpretaciones divergentes. Según Samuel Escobar, en muchas publicaciones católicas contemporáneas, se interpretan y se describen a los evangélicos, de los cuales los neopentecostales forman parte, como una conspiración estadounidense y como una invasión de las sectas. Escobar afirma: «Si en su primera etapa, la acción y presencia misionera protestante fue interpretada como una conspiración liberal-masónica-comunista, en su versión contemporánea esta teoría ve al protestantismo como conspiración imperialista norteamericana».[3]

Jean-Pierre Bastián, por otro lado, ve que los movimientos evangélicos manifiestan características sincretistas que los ubican en una relación de continuidad con las prácticas tradicionales.[4] Desde sus raíces protestantes, Escobar observa que los católicos dan una interpretación prejuiciosa del fenómeno evangélico. Bastián también argumenta que los evangélicos no son protestantes auténticos, estos practican su religión de manera similar a los católicos; ambas religiones tienen su manera propia de sincretismo.

Willems, D'Epinay, Martin y Stoll (1990) enfatizan el impacto social, particularmente de los pentecostales en América Latina.[5] Cook, Cox y Anderson, por otro lado, enfatizan el impacto religioso.[6] Sin embargo, todos estos autores comparten que la identidad de este fenómeno socio-religioso contiene mucho de lo que es nativo y espontáneo. Pentecostales y neopentecostales contextualizan su proyecto en esta parte del mundo con fuerza y crecimiento espectacular.

Las culturas nativas han estimulado la búsqueda de una identidad más definida. En un estudio de la identidad del pueblo maya en Guatemala y en el estado de Chiapas, México, Virginia Garrad-Burnett dice que la conversión al protestantismo es la manifestación final de la estrategia maya de adaptación y sobrevivencia. Ella dice:

> Sin embargo, yo sé que el caso es, al menos bajo algunas circuns-
> tancias, que esta ecuación entre protestantismo e ideología
> Occidental —la noción de una «ética protestante»— es nuestra
> propia construcción cultural, ya que los pueblos indígenas en
> varios contextos se la han apropiado y reinventado para sus
> propósitos autóctonos propios.[7]

---

[3] Escobar, «Conflict of Interpretations», 117.

[4] Bastián, *Protestantismos y modernidad latinoamericana*, 346.

[5] Willems, *Followers of the New Faith*; D'Epinay, *El refugio de las masas*; Martin, *Tongues of Fire*; Stoll, *Is Latin American Turning Protestant?*

[6] Cook, *New Face of the Church in Latin América*; Cox, *Fire from Heaven*; Anderson, *An Introduction to Pentecostalism*.

[7] Garrad-Burnett and Stoll, *Rethinking Protestantism*, 1, 3.

O como David Martin lo pone:

> Sea cual fuere la verdad acerca de las ventajas del poder de Estados Unidos, es evidente que el pentecostalismo (así como otras formas de ser evangélico) capacita a muchos de sus seguidores a encontrar el poder en sus vidas, el cual puede simultáneamente infundirlos de la posibilidad de «mejor vida» y de nuevos logros de todo tipo, espiritual y material; y ponerlos también en contacto con cargas y recargas espirituales profundamente apoyadas en la cultura indígena, negra, india o hispánica. Los recursos a largo plazo se perfilan ahora en las vidas de la gente y llegan tanto de las tradiciones de avivamiento protestante como de los mundos de espíritus ancestrales de los campesinos de la India y de los esclavos africanos.[8]

¿Es esto lo que está pasando con los indígenas y mestizos cuando se vuelven neopentecostales en Bolivia? En el contexto boliviano, ¿de qué manera podríamos entender este fenómeno? ¿Como la avanzada de una penetración extranjera en la vida de la nación? ¿Como una combinación sincrética de protestantismo y religión nativa? ¿O quizá ninguna de estas interpretaciones contrastantes?

En la actualidad, el crecimiento del protestantismo es uno de los fenómenos sociales más importantes en América Latina. La composición étnica del pueblo boliviano, que incluye a los evangélicos, es más homogénea ahora como resultado del éxodo masivo de los quechuas, aimaras y mestizos a la región oriental del país en los últimos cuarenta años. «…el andinocentrismo de Bolivia ha comenzado a rendirse ante la evidencia de la explosión económica y demográfica del oriente…».[9] Indígenas del occidente boliviano van al oriente a buscar tierra, trabajo y una mejor vida. Al dejar las tierras altas donde nacieron y el estilo de vida allá, también dejan la iglesia católica tradicional y optan por unirse a iglesias nuevas que expresan la fuerza de su cultura indígena y de su cosmovisión, apoyan la resistencia étnica y la integración a prácticas socio-religiosas nuevas.

---

8 Martin, *Tongues of Fire*, 204.
9 Mesa Gisbert, *Historia de Bolivia*, 137.

El crecimiento de los evangélicos tanto en número como en participación de los indígenas y mestizos, el rol concedido por ellos a los laicos, en particular a las mujeres, su estilo agresivo de evangelización, especialmente de los neopentecostales, son factores que han transformado el escenario religioso en Bolivia. Los cambios en la estructura social, política y económica han dado un duro golpe al sistema feudal y esclavista impuesto a los indígenas; siendo ellos el grupo mayoritario, se les ha ido dando mejores condiciones de vida, han confrontado la discriminación y han salido del olvido. Poseen más libertad de expresión y acción, mayor movilización social, política y económica. Algunos indígenas aprovecharon su nueva libertad y se volvieron dirigentes sindicales y otros optaron por volverse dirigentes de iglesias evangélicas. El mayor crecimiento indígena evangélico ocurrió en medio de los grupos aimaras, los indígenas asumieron cargos de dirigentes y tomaron el lugar de los misioneros.[10]

Es probable que, en tanto los evangélicos moldean la identidad boliviana, los evangélicos también son moldeados por ella. La implantación de la fe evangélica con raíces occidentales ha estado ocurriendo en un contexto cultural especifico. Sin embargo, la introducción de una nueva fe no puede excluir otras creencias ni reemplazarlas completamente.

¿Cómo se ha presentado, entendido e interpretado la fe evangélica a la luz de las creencias autóctonas y de qué manera estas creencias se relacionan con la fe evangélica? ¿Cuál es, específicamente, la relación entre el aimara nativo y el modo de vivir moderno actual en la identidad de la iglesia Poder de Dios (IPdD) en La Paz?

La búsqueda de la identidad es un dilema vigente que ha sido creado por los cambios sociales masivos, que ocurren tanto local como globalmente. Todo intento por entender y acompañar los cambios sociales en el siglo XXI, inevitablemente lleva a preguntas sobre la identidad. El cambio social no sólo afecta constantemente a las instituciones de largo arraigo, sino también a las teorías de científicos sociales considerados expertos en mutaciones contemporáneas. Por un lado, tenemos los cambios y avances tecnológicos que afectan las telecomunicaciones y la biotecnología pero, por otro lado, se observa

---

[10] Dussel y otros, *Historia General*, 490.

el surgimiento de los indígenas, quienes históricamente no han tenido voz, pero que ahora han ingresado a la arena mundial, forzando la apreciación de nuevos paradigmas sociales que son implícitamente culturales.

La lógica occidental se basa en dicotomías que, en general, compara dos valores fijos sin contemplar la posibilidad de un tercero. La lógica aimara, como otros grupos étnicos en África, Asia y América recurre al principio de la inclusión de los opuestos, conduciendo algunas veces a la relativización de valores absolutos.[11] La cosmovisión andina contempla valores adicionales que coexisten en conflicto como opciones complementarias —una identidad que se vive en heterogeneidad. La identidad, por tanto, no se puede definir simplemente en términos de una lógica binaria, racional o intelectual. La relegada identidad aimara tiene su propia lógica, la cual este estudio observa en el análisis de la identidad boliviana neopentecostal.

En el pasado, el Estado boliviano ha marginado a los grupos indígenas por razón de su identidad, ha relegado sus idiomas indígenas y ha rechazado sus perfiles sociales tradicionales. Lo mismo ha pasado con el sistema tradicional de justicia, de medicina natural y con las maneras de transmitir la identidad indígena a las nuevas generaciones.

Se han erigido inmensas barreras en la ruta histórica recorrida por los pueblos indígenas de Bolivia, ruta que ha incluido hitos importantes. Los españoles subyugaron a los pueblos y las culturas que encontraron durante su colonización de América del Sur. La primera Constitución Política boliviana, escrita por Simón Bolivar, que fue aprobada el 6 de noviembre y promulgada el 19 de noviembre de 1926, fue una Constitución Liberal que priorizaba la organización del Estado. A pesar de que esta primera Constitución Política del Estado hizo el esfuerzo de estructurar un estado moderno evitando discriminación racial y esclavitud, estos intentos fallaron completamente.

La Constitución mantuvo la esclavitud y excluyó de sus derechos civiles a la mayoría de la población en suelo boliviano, dejándolos en desventaja y totalmente vulnerables a los ataques a su identidad, historia y cultura. Desde que se fundó la república, las élites dominantes

---

[11] Estermann, *Filosofía andina*, 23, 141, 315.

recurrieron para su propio beneficio a la política de estado respecto al control de las tierras habitadas por los indígenas, lo que significó el despojo y saqueo de propiedades que no pertenecía a los españoles. Incluso la Reforma Agraria de 1953 se basó en el principio de «civilizar al indio». En este tema Colque y otros autores escriben:

> El esfuerzo más grande de integración de los habitantes indígenas del Ande a la sociedad boliviana fue la implementación de la Reforma Educativa después de la revolución de 1952, con la intención de insertarlos definitivamente a la «modernidad». Esta corriente, que tenía fuerte influencia de la revolución mexicana, optaba por la integración cultural y social del «indio» a la cultura dominante buscando la desaparición de las culturas ancestrales.[12]

Bolivia es bastante diferente de los países vecinos como Brasil y Chile, donde la población indígena es minoría, o incluso del Perú y Ecuador, los cuales tienen un 25% de población indígena. En cambio, Bolivia tiene un alto porcentaje de gente indígena, tanto en áreas rurales como urbanas. La mayoría en Bolivia, dos tercios de la población, identifica su origen como indígena.

Las agresiones recibidas a través de siglos de coexistencia poliétnica no han borrado la identidad cultural específica del pueblo aimara. En realidad, parece que la hostilidad constante ha fortalecido de muchas maneras esa identidad, el resultado ha aumentado y profundizado el significado de ser indígena. La naturaleza indígena del pueblo aimara está experimentando, en nuestros días, un tipo de avivamiento, particularmente en sus aspectos religiosos.

Los aimaras han sufrido no sólo una o dos hibridaciones, sean estas socioculturales con otras culturas o en su mundo religioso con grupos como los neopentecostales. Son una genuina combinación de identidades, de culturas a lo largo de su existencia. Lo que ahora se reconoce como cultura aimara, al principio fue una mezcla de comunidades diferentes llamadas «aillus aimaras», quienes vivían en el territorio que ahora es conocido como Bolivia.

---

12 Colque, «Identidad indígena, Nueva Constitución Política del Estado y desafíos para la evangelización», 8.

Han creado, con perseverancia y sufrimiento, una fuerza cohesiva que les ha permitido tanto conservar como transformar su etnicidad. Han forjado una nueva fuerza que los une y los dirige hacia delante, una fortaleza basada en su idioma, cultura, tradición y religión.

Han integrado sistemas culturales, procesos de producción y pensamiento religioso de las mayorías nacionales. Este es otro factor que inspira el análisis de los neopentecostales aimaras: rastrear y encontrar procesos de integración cuyas condiciones hagan posible, al mismo tiempo, lograr más justicia y equidad en la sociedad boliviana.

¿Quiénes son los neopentecostales?

Los neopentecostales son relativamente un nuevo fenómeno en el contexto boliviano y en el escenario evangélico. Se establecieron en Bolivia en la década de 1970, después del avivamiento dirigido por el predicador boliviano Julio César Ruibal. Si bien su origen y sus doctrinas son pentecostales, con algunas excepciones como la Congregación Cristiana de la calle Comercio en La Paz, la mayoría ha adoptado innovaciones teológicas tales como la teología de la prosperidad y el énfasis en la guerra espiritual.

Los neopentecostales recurren a un amplio uso de los medios de comunicación masiva y de la tecnología moderna. Son, de hecho, un movimiento que no sólo ha plantado iglesias independientes bajo dirigentes nacionales, sino que ahora sus influencias han alcanzado a todas las demás denominaciones, en especial, a los jóvenes debido a su manera de alabar y por su liturgia.[13] Los neopentecostales son una ansiosa multitud que gana más prosélitos y alcanza tanto a los pobres como a la clase media de Bolivia.

Los neopentecostales han logrado atraer y motivar a un gran número de personas en Bolivia, Latinoamérica y el mundo; recaudan más dinero que el movimiento de los pentecostales clásicos de donde salieron. El movimiento neopentecostal también ostenta un importante número de estaciones de radio y canales de televisión. Su metodología incluye una gran capacidad de innovación, lo cual significa que

---

13 Berg and Pretiz, *Spontaneous Combustion*, 141

cualquier miembro que falta a la iglesia por una o dos semanas corre el riesgo de ser dejado atrás o de sentirse «extraño» cuando retorna a la iglesia. Se recurre con frecuencia a una nueva terminología y liturgia. Sus dirigentes intermedios, sus rituales y sus modos de relacionarse con el mundo de afuera sostienen frecuente renovación y cambio. Los dirigentes carismáticos y sus familias controlan las iglesias neopentecostales bolivianas.

El magnetismo de estos dirigentes ha producido un culto a la personalidad y, por ello, se presiona a los miembros de esas iglesias a obedecer a su líder sin cuestionamientos. Además de su rol dominante, los dirigentes neopentecostales son figuras centrales, en ellos se concentra los poderes espirituales, las visiones sobrenaturales, la capacidad de hacer decisiones, el manejo del dinero y las relaciones públicas. No dejan lugar a la rivalidad, a la rendición de cuentas o a cometer errores. Esta clase de iglesia es un verdadero imperio monolítico, que ha sido construido para depender y girar alrededor de una persona. Los pentecostales han logrado su mayor impacto en personas de escasos recursos que viven en áreas urbanas: las favelas brasileñas o las villas miseria, los así llamados «pueblos jóvenes» de Lima, «las vecindades de miseria» en Buenos Aires. Los neopentecostales lo han hecho con mayor agresividad y autoctonía.

En Bolivia, sin embargo, los indígenas aimaras en las áreas periféricas pobres de La Paz han sido alcanzados por la iglesia neopentecostal, específicamente la iglesia Poder de Dios (IPdD). Esta iglesia ha logrado impactar a su entorno por medio de campañas de milagros y la transmisión de sus cultos y campañas vía medios de comunicación masivos, en donde se realizan milagros de sanidad, frecuentemente sin pruebas. Este fenómeno neopentecostal de la IPdD, cuya actividad se ubica en La Paz, tiene un corazón que late con sangre de la identidad indígena aimara.

Debo mencionar que existen diferentes versiones de neopentecostalismo. Para entender estas diferencias, debemos distinguir entre el pentecostalismo clásico y el neopentecostalismo. Según el sociólogo Julio Córdova, la diferencia entre estas dos versiones se encuentra en el núcleo de su experiencia religiosa. El pentecostalismo clásico es más colectivo, mientras que el neopentecostalismo tiende a ser individualista; también observa que la iglesia pentecostal existe casi exclusivamente en áreas pobres mientras que el movimiento neo-pentecostal alcanza también a los sectores de clase media. Córdova escribe al respecto:

> Ambos fenómenos implican una crítica y al mismo tiempo una adaptación a la modernidad: el pentecostalismo lo hace desde una matriz epistemológica básicamente «premoderna» con su énfasis en la comunidad, y el neopentecostalismo lo hace desde una matriz epistemológica básicamente «posmoderna» con su énfasis en el individuo subjetivo y emocional.[14]

José Míguez Bonino, teólogo protestante latinoamericano, conocido por su pensamiento incisivo y abierto, llama a los neopentecostales actuales *pentecostalismo criollo* o pentecostalismo nacido en casa.[15] Cuando reflexiona sobre la piedad y la teología de los pentecostales, establece una diferencia cualitativa entre el pentecostalismo clásico y el criollo. Relaciona el primero al neoliberalismo, a políticas económicas generadas por la clase social dominante en Latinoamérica; estos tienden a crear doctrinas y estructuras administrativas que son más verticales que las del contexto creado por los neopentecostales. Estos tienen un liderazgo vertical combinado con una organización socializada. El pentecostalismo clásico, consecuentemente, genera un tipo de adhesión racional que se enfoca en el «consumo de los bienes religiosos»,[16] en cambio el pentecostalismo criollo atrae adhesiones emocionales y se enfoca en el empoderamiento.

Los pentecostales, por un lado, se consideran a sí mismos cristianos bautizados con el Espíritu Santo y receptores de dones espirituales, por ejemplo, el hablar en lenguas (glosolalia), la sanidad y la profecía; pero mantienen sus raíces en el trabajo misionero occidental. Los neopentecostales, por otro lado, son aquellos que, además de tener una intensa experiencia pentecostal del poder del Espíritu Santo acompañada de manifestaciones, también incluyen la guerra espiritual en sus oraciones, la teología de la prosperidad en su enseñanza, poseen estructuras independientes y más arraigo en los dirigentes locales en

---

14 Córdova, *Tres ideas equivocadas sobre el movimiento neopentecostal*, 112.
15 Bonino citado en Hansen, *El silbo ecuménico del Espíritu*, 13.
16 Bonino, *Rostros del protestantismo latinoamericano*, 59.

su organización. El carácter indígena de su trasfondo histórico, de su teología, de su autonomía, de sus formas de financiarse y de su estilo de liderazgo, todo ello hace del neopentecostalismo lo que es hoy en Bolivia y Latinoamérica.

Este libro ofrece una evaluación justa y honesta de la cultura nativa, mientras que al mismo tiempo reprocha críticamente la cultura globalizada, con el objetivo de lograr una mejor comprensión del movimiento neopentecostal de Bolivia. La combinación de lo local y lo global permite que la «gente común» hable, que se exprese y desarrolle paradigmas vernáculos críticos acerca de lo que científicos sociales, seculares y religiosos, han escrito acerca de este movimiento. No se trata de un estudio teórico basado en libros y en pensamientos y conclusiones de otra gente, sino que son las percepciones y testimonios, conscientes e inconscientes, de los actores auténticos del escenario neopentecostal indigenizado.

A primera vista, los neopentecostales de las congregaciones de la IPdD abren camino a las mujeres indígenas para que asuman cargos dirigenciales dentro de un contexto de mayor equidad. También usan su propio idioma en sus reuniones y adoptan símbolos y rituales que son de su identidad indígena, en lugar de aquellos que provienen de la tradición protestante. Quizá este hecho no haya sido reconocido por muchos, pero se debe reconocer que la IPdD propone nuevos modos de vivir la fe cristiana.

Terminología

A continuación definiremos algunas palabras importantes con el fin de lograr una comprensión adecuada de los argumentos de este libro. De ninguna manera esta lista de palabras es exhaustiva:

- **La cosmovisión.** Es la percepción integral del universo que se ve y no se ve, la orientación fundamental individual y colectiva de la vida, la sensibilidad para interpretar el mundo e interactuar con este. Es el sentido espontáneo de la existencia basada en las creencias. Este concepto ha sido usado por los filósofos alemanes, comenzando con Immanuel Kant, *Weltanschauung*, derivado de *welt* (mundo) y *anschauung* (visión).[17] Existen diferencias abstractas y no abstractas entre cosmovisiones. Las culturas, las sociedades y los individuos, cada uno tiene una cosmovisión auténtica, consecuentemente, existe una variedad de cosmovisiones.

- **La cultura.** El informe de Willowbank define cultura como: «Un sistema integrado de creencias (acerca de Dios, de la realidad y del destino final), valores (acerca de lo que es la verdad, lo bueno, bello y normativo), costumbres (cómo comportarse, relacionarse con otros, hablar, orar, vestir, trabajar, jugar, vender, sembrar, comer, etc.), e instituciones que expresan estas creencias, valores y costumbres (gobiernos, sistemas de justicia, templos o iglesias, familia, escuelas, hospitales, fábricas, tiendas, sindicatos, clubes, etc.), que unen a la sociedad y le da un sentido de identidad, dignidad, seguridad y continuidad».[18]

- **Evangélico.** Es el individuo, el grupo o la iglesia que tiene un punto de vista conservador respecto a los fundamentos doctrinales bíblicos, tiene pasión por la evangelización y orientación misionera con una teología heredada de la Reforma europea del siglo XVI. El término también implica piedad personal, ética puritana y diversidad global. Los protestantes en América Latina prefieren el término «evangélico» por razones históricas. La mayoría de los misioneros que vinieron a predicar eran parte de un protestantismo específico, anti-evangelio social; fruto de sus convicciones y vocación fueron llamados «evangélicos».[19]

- **Pentecostal.** Describe a las iglesias, los grupos e individuos que dan gran énfasis a la experiencia con el Espíritu Santo, que se manifiesta en el hablar en lenguas, la profecía, los milagros y las sanidades. El movimiento conocido por pentecostalismo clásico es parte del protestantismo histórico. Sus enseñanzas se sostienen de cuatro pilares o también llamado «evangelio cuadrangular», que se refiere a cuatro creencias fundamentales: Jesucristo salva, sana, bautiza con el Espíritu santo y viene otra vez. En América Latina los pentecostales tienen un profundo arraigo en dos corrientes:

---

[17] Naugle, *Worldview: The History of a Concept*, xix, 64.
[18] *Gospel and Culture*, 3
[19] Escobar, *¿Qué significa ser evangélico hoy?*, 6-9.

el pentecostalismo nacido del trabajo misionero procedente de América del Norte y Europa, y el pentecostalismo surgido de las divisiones de otras iglesias evangélicas tradicionales, después de la experiencia pentecostal.

- **Neopentecostal.** Es la persona, la iglesia o el grupo que ha conservado la espiritualidad pentecostal pero, además de ser lleno del Espíritu Santo, enfatiza nuevas dimensiones tales como la lucha espiritual, el éxtasis en el culto y las sanidades ilimitadas. Los neopentecostales han incorporado también la enseñanza del evangelio de la prosperidad. La fe cristiana significa éxito físico, emocional, espiritual y prosperidad material. Es un movimiento independiente que con su influencia traspasa las demás denominaciones. Todas las iglesias neopentecostales de Bolivia son independientes del protestantismo histórico, surgen de un avivamiento que tuvo lugar en todo el país bajo la dirección de Julio Cesar Ruibal, a comienzos de la década de 1970.

- **Globalización.** Esta es «una etapa configurada en la segunda etapa del siglo XX, en la cual la convergencia de procesos económicos, financieros, comunicacionales y migratorios acentúa la interdependencia entre vastos sectores de muchas sociedades y genera nuevos flujos y estructuras de interconexión supranacional».[20]

  La globalización es más para mercados que para seres humanos, no evita la inequidad, el racismo, la mezcolanza acomodada y el etnocentrismo. La globalización tiene características liberadoras y opresivas.

---

[20] García Canclini, *La globalización imaginada*, 63.

Capítulo 2

Elementos socioculturales de la identidad aimara

Siempre hubo diferentes maneras de ser aimara, diferentes modos de ser indígena en la ciudad, en el área rural, en el occidente y oriente boliviano, en el norte de Chile, en Buenos Aires, en San Pablo o en Madrid. Aunque se conocen estas expresiones diversas, en este capítulo se describen los elementos religiosos socioculturales que son el común denominador de la identidad aimara, las características que son pertinentes tanto a los que se han convertido al neopentecostalismo como a aquellos que no lo han hecho.

Bolivia es un país andino sin acceso al mar, localizado en el centro de América del Sur. Los bolivianos perdieron su territorio de la costa del océano Pacifico en la Guerra del Pacífico en 1879, cuando lucharon contra el ejército chileno. Bolivia ocupa un área de 1,098,000 kilómetros cuadrados y tiene una población de 11,145,770 habitantes en 2017. Su capital, La Paz, es la ciudad más culturalmente indígena de Latinoamérica.

De entre las naciones andinas, Bolivia preserva la identidad más indígena heredada de las dos culturas más influyentes de la región: la aimara y la quechua. Estas dos culturas eran parte de los millones de habitantes del nuevo mundo supuestamente descubierto por Cristóbal Colón el 12 de octubre de 1492. El navegador genovés, financiado por el Imperio español, creía firmemente que había llegado a la India, en Asia, y así los pueblos indígenas encontrados en el continente fueron erróneamente llamados indios; este término todavía se usa hoy. Al referirse a Bolivia, Herbert S. Klein dice: «Es también la más india de las repúblicas americanas: hasta el censo de 1976 solo una minoría de las poblaciones era hablante monolingüe del español».[1] Estas culturas precoloniales permanecen profundamente arraigadas en la mayoría de los bolivianos, a pesar de la oposición sistemática a su existencia desde la colonización de los españoles y de los criollos en la era Republicana.

La población actual de aimaras bolivianos vive a lo largo y ancho del altiplano, rodeado de montañas y en ciudades como La Paz. Sus comunidades rurales están esparcidas a lo largo de esta amplia planicie que alcanza una altitud de 4,000 metros de altura sobre el nivel del mar y cubre cerca de 1,000 kilómetros de norte a sur, rodeando de los lagos Titicaca y Poopó hasta los salares de Coipasa y Uyuni en el lado occidental de Bolivia.

El aimara, más que otros grupos indígenas, le ha dado a Bolivia un firme sentido de pertenencia geográfica y cultural, un sentido de identidad nacional en medio de toda la diversidad encontrada dentro de sus límites territoriales. La identidad y conciencia boliviana es indígena, y esta es la raíz verdadera y profunda incluso hoy, de la misma manera que el continente latinoamericano es también indoamericano (Albó 1988: 22).

Además, junto a todo este trasfondo, los aimaras han sido afectados por nuevos y numerosos impactos, particularmente en el siglo pasado.[2] Han sido moldeados por influencias y cambio políticos, sociales, económicos y religiosos. La modernidad y la globalización los han golpeado con toda su fuerza por la vía de la educación, la democracia, las legislaciones, los sindicatos, por grupos no católicos, y la proliferación de nuevas formas de cristiandad ha traído nuevas fuentes de tensión y cambios profundos. Denominaciones evangélicas protestantes han hecho incursiones dentro de las comunidades indígenas aimaras, ninguno con mejor éxito que los neopentecostales, aunque estos, como en invasiones previas, han fallado en el intento de borrar los componentes fundamentales de su etnicidad.

---

[1] Klein, *Bolivia: the Evolution of a Multi-Ethnic Society*, vii.
[2] Albó, *La experiencia reliosa aimara*, 83.

La naturaleza distintiva de la cultura aimara

¿Cuáles son las características comunes de la cultura aimara en relación con las creencias? ¿cómo se puede analizar el contexto específico de los creyentes aimaras neopentecostales? Este capítulo ira a discutir diferentes aspectos de la cultura aimara, incluyendo su cosmovisión, su espiritualidad indígena, idioma, sentido multiétnico, lógica tridimensional y epistemología integral.

Cosmovisión y espiritualidad

¿Qué piensan los aimaras acerca de sí mismos y del mundo? ¿Cómo perciben ellos quiénes son y cómo es el mundo que los rodea? ¿Cómo conciben el mundo material y espiritual?

El gran obstáculo al tratar de responder estas preguntas es que nuestro esfuerzo por entender estos temas tiende a ser monocultural; en otras palabras, la gente trata de estampar el entendimiento indígena basados en el paradigma occidental moderno. Este paradigma tiende a percibir la vida dividida en compartimientos separados, independientes y aunque esta actitud está cambiando, todavía es dominante. Al hacer esto se empobrece la apreciación de la realidad. La mente del aimara nativo concibe la vida de forma diferente y muchas veces contradictoria a la mentalidad occidental. Para ellos, la vida y el mundo forman un todo integrado que es fundamentalmente espiritual y en armonía con el cosmos. Por ejemplo, el pasar del tiempo siempre se asocia con lugares. Ambos se perciben como inseparables.

Una palabra aimara que expresa esta unidad entre tiempo y espacio y su complementariedad es *pacha*. *Pacha* es la expresión simultanea de dos fuerzas: espacio y tiempo, o en la cosmovisión aimara-quechua: «tiempo y espacio sagrados, historia, existencia».[3] Esto también se observa, por ejemplo, en el concepto *pachamama*,[4] que literalmente significa «señora espacio tiempo» pero comúnmente se entiende como «madre tierra». El termino evoca percepciones que no solo se refieren

---

3 Estermann, *Teologia Andina*, 483.
4 «Pachamama», madre tierra. La más importante divinidad femenina aimara. Personifica la fertilidad de la tierra y recibe culto como la protectora de todos los hombres. Strobele-Gregor, *Indios de piel blanca*, 330.

a la tierra como materia sino también al tiempo recorrido en ella, incluyendo lo que la rodea y que no puede ser visto, esto es, el mundo espiritual invisible.

Simultáneamente incluye realidades espirituales y materiales, que son compartidas por seres humanos, animales, plantas y espíritus. Para el aimara todo es sagrado, tanto la materia inerte como los animales y los seres humanos. Todo lo que existe y se mueve en el ambiente se clasifica como divino. Las montañas, la tierra, los ríos, las rocas, todo está lleno de espíritus: *achachilas*,[5] *awichas*,[6]; la *Pachamama* y las otras divinidades inferiores protectoras pertenecen a los ancestros. Los espíritus que habitan estos lugares pueden ser benefactores, pero también pueden ser dañinos. Una vez muertos los seres humanos, tanto hombres como mujeres, son incorporados en el mundo espiritual que coexiste con el mundo visible.

Existen tres mundos o tres niveles entrelazados el uno con el otro. En estas tres dimensiones se pueden encontrar tanto el mundo natural como el sobrenatural que es invisible pero real. El *aka pacha*, el mundo concreto de la vida, lo que nos rodea, relacionado con fuerzas de arriba y abajo; el *manqha pacha* el mundo de abajo, el inframundo que es oscuro y peligroso; el *alajj pacha* el mundo de arriba, el sol la luna y con poderes de lo alto, está vinculado con el concepto de cielo. Existen, entonces, tres mundos, tres niveles íntimamente relacionados entre sí. Sería un error igualar la trilogía aimara-quechua *aka pacha, manqha pacha y alajj pacha* con la comprensión cristiana de tierra, infierno y cielo o con seres humanos, el maligno y Dios.

¿Dónde están los espíritus en este diagrama tridimensional? Están en todas partes. Espíritus buenos y malos están mezclados y presentes en cada dimensión. Esta creencia que divide el cosmos en tres niveles, en parte asumida por los aimaras, es de hecho una cruda sistematización del entendimiento aimara original. Lo que ha pasado es una adaptación de los conceptos indígenas originales a la influencia católica de la Contrarreforma.

---

5 *Achachilas* son los espíritus ancestrales y tutelares que protegen las comunidades andinas.

6 *Awicha* literalmente «abuela» en el idioma aimara, es el espíritu ancestral que se encarna en el fuego. Estermann, *Teología andina*: 473, 475).

¿Cómo entiende el aimara su mundo y cómo se ubica en este? Con el arribo de la espiritualidad y la moral cristiana, la cosmovisión foránea fue incorporada en el perfil metafísico aimara. Fue una adaptación que, por un lado, dejó vivas algunas marcas de la nueva cosmovisión y, por otro lado, fortaleció la cosmovisión aimara. Sin embargo, inevitablemente se dieron cambios y modificaciones, los cuales a su vez se hicieron obvios en sus propias discontinuidades. Por ejemplo, la cosmovisión occidental hace una distinción clara entre la oposición y separación entre cielo y tierra, en cambio para el aimara, incluso hoy, el *alajj pacha* y el *manqha pacha* tienen elementos mezclados de bondad y debilidad. No todo es malo en el *manqha pacha* (infierno), tampoco todo es puro en el *alajj pacha* (cielo). Aunque existen fuerzas maléficas, estas mismas fuerzas pueden también ser benéficas; esto es parte de la estructura de las creencias y la moral del aimara desde tiempos pasados.

Vida social: multicultural e intercultural

¿Bajo qué normas de vida vive el aimara? ¿Cuáles son sus valores culturales más estimados? Todos los grupos étnicos ajustan su modo de vida de acuerdo con la cosmovisión, las necesidades, los problemas y las experiencias que tienen a lo largo de su historia. En la vida comunitaria, el aillu es la base ancestral de coexistencia, en la ciudad tiene versiones adaptadas de su coexistencia. Es la adhesión mutua entre lo individual y lo comunitario, sin olvidar el aspecto de la naturaleza. Esto provee seguridad y sociabilidad. Solidaridad es el espíritu de la vida en comunidad, donde el quehacer individual, sea bueno o malo, afecta a la comunidad entera. La reciprocidad o el *ayni*, refleja la creencia de que todas las formas de ayuda recibida deben ser recompensadas con generosidad y compromiso. El holismo espiritual entre lo individual, comunitario y el cosmos permea la cultura en todo; lo sagrado se encuentra en ambos espacios, en el diario vivir y en los rituales más importantes.

Las interrelaciones encontradas en cada evento y en la idiosincrasia aimara son el fundamento vital para su identidad y este aspecto es totalmente contrario al individualismo prevaleciente en sociedades occidentalizadas donde las relaciones y los eventos tienen un marcado carácter antropocéntrico. En la conciencia aimara, sin embargo, el ser humano no es el centro. Hombre y mujer no son tomados en cuenta en una forma aislada e individualizada. La naturaleza y el cosmos coexisten, ellos se alimentan el uno del otro, se protegen y mutuamente se respetan el uno al otro. La vida en comunidad es donde las necesidades, preferencias y el sentido de la vida son generados. El ser humano está insertado en la atmósfera física y espiritual que lo rodea para formar un uno indivisible. Es imposible vivir sin las relaciones cósmicas interdependientes, sin el tejido diverso de ellas y su naturaleza multifacética. Sin embargo, no todo es perfecto en el aillu aimara. La vida en comunidad ya sea en el área rural o en el contexto urbano combina los altos valores humanos con otros menos éticos, como la dominación, la perversión perniciosa y la discriminación denigrante. La mezcla de valores deseables y antivalores se encuentra en la colectividad de este grupo humano.

La creatividad aimara se expresa con un sentido de originalidad; su sentido de fiesta en una lógica de celebración; su interdependencia es expresada con reciprocidad y complementariedad. Sin embargo, existen también sombras y fatalismo, en los cuales el destino es manchado con pesimismo y acomodación a la creencia de que las fuerzas naturales y sobrenaturales son tercas e inevitables. La frivolidad, el engaño y la venganza son vistos como formas de conducta aceptables y la desesperación es lugar común porque la vida es vista sólo en términos del presente, con pocas raíces positivas en el pasado o indicaciones de un futuro mejor.[7]

El idioma

La cultura aimara es una cultura relacional. Sus canales, sus recursos de comunicación no consisten en documentos escritos producidos por individuos. El aimara no determina su tradición conceptualizando o idealizando sus utopías en textos escritos. El principal «texto» aimara es un tejido colorido de percepciones de la vida en la mente y en el corazón. Es un tesoro de sabiduría comunitaria acumulada y compartida por medio de la tradición ancestral oral, que se manifiesta por medio de creencias, costumbres y formas de vida. En lugar de ser textual, la comunicación aimara ha sido y todavía es oral, proviene de

---

7 Tancara, *Teología pentecostal*, 5. Thomas, *Weaving the Word*, 256.

una experiencia vivida. El idioma, por tanto, es central en la cultura aimara.

El lenguaje aimara les da a sus hablantes una abundancia de recursos para ser usados. Es suficiente conocer algunos de los sistemas gramaticales existentes para tener una idea clara de la riqueza y complejidad de este idioma. La extensa demarcación de los recursos de información, la afirmación de su humanidad, la diferenciación de los no humanos en el idioma y la dinámica interacción entre idioma, cultura y la percepción del mundo son también aspectos del idioma aimara. Ni la cultura ni el idioma aimara se inclinan hacia uno de los géneros, ya sea femenino o masculino; tampoco usan los nombres o pronombres masculinos como en el español o el inglés. Cuando el aimara habla acerca de los seres humanos (él o ella) no excluye a la otra mitad de la raza humana refiriéndose sólo en términos masculinos. El idioma, con sus derivaciones en la cultura, le da a la mujer aimara un nivel social igual en términos de género y justicia.

La inclinación de otros idiomas a un solo género es neutralizada en el idioma aimara por la preferencia que hace al usar la segunda persona. El español y el inglés tienden a dar prioridad a la primera persona, esto conduce inevitablemente a un grado de individualismo. Pero, al mismo tiempo, los valores relacionales de los aimaras le dan el equilibrio contra todo tipo de machismo egoísta. El uso del «tú» en lugar del «yo» hace que la equidad y la armonía funcionen.

Lógica tridimensional

En el idioma aimara la lógica trivalente[8] es implícita. Por ejemplo, la lógica de su pensamiento no es dicotómica. En otras palabras, no es conclusiva o absolutista, ni estática y centrada en el individuo. No tiene la lógica binaria de creer y no creer, o de legitimar un sistema de creencias que es único, exclusivo y cerrado. Esta lógica tripartita implica una sumisión compasiva a su vida religiosa comunitaria y sus prácticas sincréticas, pero al mismo tiempo, a la construcción de elementos que modifican el «panteón» establecido.

La visión aimara del mundo y de la vida comienza de la misma manera que la tradición védica de la India, esto es, en la no dualidad

---

8   Lozada, *Identidad y visión del mundo aimara*, 10.

de la realidad.[9] La realidad no se concibe en dimensiones que están en conflicto u opuestas entre sí; bueno y malo, sagrado y profano; masculino y femenino, visible e invisible, verdadero y falso. Ambas realidades coexisten. Dios existe y así también el diablo, los seres humanos y la naturaleza, el espíritu y el cuerpo. En el concepto del cosmos aimara existe lugar para una tercera alternativa, de igual importancia. Las partes no se atacan; por el contrario, son complementarias e inclusivas.

Es típico para la naturaleza aimara no polarizar la realidad entre lo bueno y lo malo, sino que siempre se lo hace a través de la mediación de fuerzas positivas y negativas. En la rica narrativa oral aimara, la muy conocida historia de «El zorro que se fue al cielo» ilustra la lógica no dualista. Nancy Thomas la analiza profundamente dentro de las normas y roles y su incidencia en la comunicación oral.[10] El sentido tripartito del universo es evidente en historias como esta. Otra manera de llamarlo sería «ambigüedad intencional». La tolerancia y la ambigüedad tienen un efecto de conciliación entre lo equivocado y lo correcto, orden y desorden, individuo y comunidad, cielo y tierra y entre el ámbito religioso y social. La ambigüedad intencional fue parte del encuentro con la religión católica mucho tiempo atrás y permanece muy viva hoy con las formas modernas de religión como los neopentecostales.

Moldes occidentales inadecuados

Los conceptos y la metodología de la racionalidad occidental son, por tanto, inadecuados y limitados para delinear la profundidad de la peculiaridad cultural aimara y de otras culturas de naturaleza holística. Emplear suposiciones preconcebidas procedentes de los sistemas occidentales, hacen que nuestro entendimiento sea reducido,

---

[9] Estermann, *La filosofía andina como alteridad que interpela*, 6.

[10] Thomas, *Weaving the Word*, 228-247. Un resumen de la historia es así: El zorro quiere ir al cielo, para ello pide la ayuda de un cóndor. Allí había una misa que hacía Dios Padre, después de ella, se fueron a comer a un jardín con todo tipo de frutas. El zorro comió mucho y le pidió al cóndor que esperase largo tiempo. Cansado este se fue sin él. Asustado, el zorro se hizo una cuerda y comenzó a descender. En el camino de regreso, insultó a los loros quienes picaron la cuerda hasta partirla en dos, el zorro cayó y murió, su estómago se abrió y las semillas se esparcieron fertilizando la tierra, especialmente en el oriente.

lo cual establece una comprensión incompleta y no se hace justicia. Las definiciones clásicas de términos como cosmovisión, identidad, cultura y religión han impuesto límites que no pueden abarcar la plenitud de lo que los aimaras son y creen hoy.

Existe una aproximación subversiva y degradante históricamente en el mundo académico que obliga a todas las realidades culturales a encajar en los moldes conceptuales de la modernidad occidental. El carácter único de la identidad aimara invita a un cambio paradigmático responsable, que podría ubicar a los investigadores fuera del centrismo occidental y hacer justicia a una equidad cualitativa de todas las identidades étnicas, revelando así aspiraciones que son frecuentemente sutiles y ocultas.

¿Es la experiencia neopentecostal en la IPdD específica y profundamente aimara? ¿Es su identidad vital moldeada por la peculiaridad de esta cultura? ¿Será que sus principios, valores, holismo sagrado, su interrelación cósmica, oralidad y lenguaje incluyente, su lógica tridimensional y su sed por lo desconocido los ubican fuera de los moldes occidentales inadecuados o dentro de su ambigüedad intencional?

Integración: el concepto *pacha*

El concepto pacha implica considerar al ser humano como prójimo (sin el acostumbrado machismo), sino también a la naturaleza y el cosmos. Esto implica tomar en cuenta no sólo al ser humano despojado del acostumbrado machismo sino también la naturaleza y el cosmos. El idioma aimara no tiene un concepto para tiempo y otro concepto para espacio, sino que integra los dos conceptos.

El tiempo no era ni es concebido sin el espacio o el espacio sin el tiempo. La palabra *pacha*, como se mencionó antes, incluye simultánea e inseparablemente los conceptos de tiempo y espacio. De hecho, el significado de esta expresión es más rico no sólo porque integra tiempo y espacio sino todos los sujetos de la realidad. La *pacha* incluye plantas, animales, agua, piedras, tierra, seres humanos, estrellas, sol, luna, etc.; la *pacha* integra la vida de todo el cosmos. *Pacha* significa el encuentro y la interacción de todo lo viviente, los contribuyentes activos de la realidad y de la existencia misma. Todo lo que se ve y lo que no se ve es sagrado, es capaz de sentir porque el medio ambiente está impregnado de espiritualidad. La naturaleza siente como los animales, los seres humanos y los espíritus. Sentir el cosmos es *pacha*.

Esta visión amplia de la historia-espacio fue esparcida por la gran movilidad de los aimaras, quienes compartían sus territorios, los cuales estaban distribuidos desde el núcleo central de lo que ahora es conocido como los Andes bolivianos, alcanzando al oeste el océano Pacífico y al este la selva tropical amazónica. El esfuerzo por preservar el carácter consistentemente aimara heredado de los antepasados explica la persistencia que todavía hoy demuestra el pueblo aimara.

Las fronteras territoriales del aimara expresan que ellos tenían acceso en el oeste al océano Pacífico para conseguir peces y en la parte este de los valles y bosques tropicales las frutas y vegetales nativos de estas regiones. Estas llamadas franjas transversales de los bloques de montañas, dieron acceso a la variedad de ecosistemas que vincularon el Altiplano y las montañas a la costa y a los bosques tropicales.[11] Su ubicación a lo largo del mar, las montañas y la selva hacen pensar en dos cosas: los diferentes «reinos» aimaras usaron su amplia, sabia y valiente relación con la naturaleza y su capacidad de aprovechar las ventajas de los recursos compartidos entre ellos, debido a que los poblados ya establecidos estaban muchas veces mezclados unos con otros de una manera alternada.

Vida social y comunitaria

La cosmovisión tradicional, inevitablemente asociada a las fuerzas de la naturaleza continúa siendo válida hoy, tanto en el campo como en la ciudad. Se preservó debido a la continuidad étnica, y crearon un simbolismo comunitario elemental aimara que todavía se encuentra en la percepción de la vida que tienen los miembros de las IPdD. La cosmovisión aimara mantiene hoy los ricos y constructivos valores de la reciprocidad y la vida comunitaria, tanto en el campo como en la ciudad. Sin embargo, como ocurre con la gente de todas las culturas y condiciones, los aimaras de la IPdD enfrentaron situaciones difíciles. Los miembros de esta iglesia tienden a responder a las conductas procedentes de familiares y no familiares con odio y venganza,

---

11 Platt, «Pensamiento político aimara», 365-450.

reproduciendo actitudes de discriminación en contra de niños y mujeres, y cayendo en la trampa cultural común del etnocentrismo. Carter y Mamani resumen de manera concisa la cosmovisión aimara en dos palabras: fatalismo negativo.[12]

El equilibrio entre fuerzas naturales y sobrenaturales se expresa frecuentemente en fiestas religiosas dentro de un contexto de miseria y marginación. El alcoholismo es ampliamente practicado, con consecuencias adversas para la familia, los niños y el aumento de la pobreza. Los valores ya destacados, heredados de tiempos antiguos, tales como la reciprocidad, la complementariedad y la vida comunitaria regulan las relaciones para promover el bien común. Sin embargo, estas están presentes, pero de manera defectuosa, como ocurre en toda cultura. Los aimaras han demostrado ser sostenibles en construir su sentido de lo sobrenatural y su voluntad de luchar por su libertad y su cultura, pero todavía están construyendo su identidad. Siguen desarrollando su propio estilo y combinando sus propios moldes y colores. Es un error que los neopentecostales piensen que ellos son únicos en los tiempos actuales. De manera similar, estudiosos del fenómeno aimara se equivocan cuando se enfocan en un pasado aimara glorioso, como si no hubiesen sido influenciados por Occidente o, por otro lado, cuando ignoran sus raíces, las cuales aportan mucho a la identidad aimara.

Critica a la occidentalización

Una mirada a los más de 135 años de trabajo misionero protestante en Bolivia reconoce que los misioneros y la iglesia están lejos de la realidad indígena. Estos han moldeado su trabajo más en la identidad occidental que en los fundamentos bíblicos, en la identidad nativa o que en las lecciones aprendidas de la historia. Varios autores del hemisferio norte y sur han observado paralelos directos e indirectos entre el desarrollo misionero y la expansión del modernismo occidental, tanto en concepto como en método. En nuestros días, los que promueven valores individualistas occidentales ya no son los misioneros extranjeros conservadores, sino los pastores bolivianos que han adoptado teologías y estilo de vida importados, los cuales supuestamente ofrecen mejores

---

12 Carter y Mamani, *Irpa Chico*, 365.

y más inteligentes estilos de vida. Este error ha sido usado como un instrumento para institucionalizar la superficialidad, la violación de la identidad cultural y para negar los más preciosos valores del evangelio.

Normalmente, el pueblo aimara como grupo étnico y cultural vive en territorios extensos que han ocupado desde tiempos precoloniales, en las tierras altas de Perú y Bolivia, en la región de la costa del norte de Chile y en el norte de Argentina. Pero el aimara no es estático y las nuevas generaciones que se mudaron a las ciudades están cambiando. Como resultado de ello, un fuerte movimiento contemporáneo reivindica los derechos de los aimaras, no desde las comunidades aimaras rurales sino desde los centros urbanos, desde las fábricas, los centros mineros, los sindicatos y las asociaciones vecinales.

Los aimaras, ya sea que vivan en ciudades de Bolivia como La Paz, Oruro, Potosí, Cochabamba o Santa Cruz o en ciudades del exterior como Buenos Aires, Lima, Arequipa, Puno, Tacna, Moquegua o Arica no pierden su identidad;[13] son gente con sus propias costumbres y creencias diferentes, no tienden a moldearse a las características del medio ambiente.

Al analizar los indígenas y la cultura aimaras dentro de sus dinámicas de cambio en las esferas religiosa, social, demográfica e intelectual, los bolivianos están siendo testigos del resurgimiento de la etnicidad andina y en particular la aimara. Frente a la prevalencia de ideologías a fines del siglo XX y principios del siglo XXI, el aimara ha visto que debe reflexionar sobre su rol y defender su identidad y valores. Hoy en día, el mundo es testigo del surgimiento de movimientos étnicos nativos en diferentes partes del mundo: chechenos, ucranianos de la antigua Unión Soviética; croatas, bosnios de la antigua Yugoslavia; catalanes y vascos en España; tutsis y hutus en Ruanda; aimaras y quechuas en Bolivia. Parece que éste es el tiempo, como nunca, de reafirmar identidades étnicas en todo el mundo. Tal vez éste sea el camino para contrarrestar la invasión de la globalización. El poder de las naciones y de los grupos étnicos no está en sus límites territoriales o de su economía sino en su carácter e identidad.

No toda la población boliviana es andina, así como no todos los que viven en la ciudad de La Paz son aimaras. Sin embargo, toda la

---

[13] Llanque, *La cultura aimara*, 179; Albó, *Raíces de América*, 31.

población puede ser considerada como culturalmente andinizada. Sería un error ignorar la aimarización de los criollos y mestizos paceños, porque gente de todas las clases sociales realizan y participan de los mismos rituales locales y del folclore. Los mismos agentes religiosos aimaras, los *yatiris*,[14] ofrecen sus servicios a intelectuales de clase media, empresarios ricos, políticos y nativos pobres. Las creencias religiosas han sido aimarizadas, mientras que los sin religión ven que la cultura está siendo vestida de identidad aimara.

Estas observaciones pueden sorprender a muchos ya que frecuentemente se ha asumido que la religión aimara ha sido occidentalizada. Sin embargo, un análisis de cerca de la cosmovisión colectiva y del sistema de símbolos en los diferentes aspectos de la vida moderna boliviana, revela una creciente identidad indígena en el país como un todo y una fuerte influencia aimara en la región de las tierras altas (Altiplano) y más allá.

Una manera peculiar de vivir y percibir el mundo

La cosmovisión indígena, esencialmente distinta a la occidental, ejerce una poderosa influencia en la sociedad boliviana pues define el comportamiento religioso y social de la población mayoritaria. A pesar de haber permitido la incorporación de rituales y costumbres extranjeras, el neopentecostalismo boliviano no ha reemplazado completamente la religiosidad indígena. El avance del neopentecostalismo está ocurriendo en un contexto cultural específico, el aimara de la ciudad de La Paz, sin eliminar completamente o reemplazar otras religiones existentes, de modo muy similar a lo que viene sucediendo en África. La identidad indígena aimara en Bolivia todavía construye valores, comportamientos y religiosidad. Todos los evangélicos, y en particular los neopentecostales, están fuertemente influenciados por la cosmovisión indígena.

---

14 *Yatiri* en el idioma aimara significa literalmente: «el que conoce», maestro. Es el sacerdote de la comunidad, el especialista en rituales. Sus poderes especiales no provienen de una designación de la comunidad sino de una selección sobrenatural hecha evidente al haber sido alcanzado por un rayo. Su autoridad espiritual proviene de haber sobrevivido a aquella experiencia de haber sido golpeado por un rayo. Albó, *Raíces de América*, 480.

La misión neopentecostal hacia los quechuas y aimaras

Las transformaciones globales y la perdida de mitos han cambiado el panorama religioso en Bolivia. Así como los movimientos sociales indígenas han desenmascarado el mito de una nación homogéneamente mezclada, los evangélicos han desmantelado la idea tradicional de una población católica romana uniforme. Más allá de que los evangélicos quechuas y aimaras cuestionen el sistema socio-religioso dominante actual, ellos insisten en que la gente indígena de los sectores más pobres encuentra un gran sentido de identidad y dignidad en sus iglesias.

Una historia común y un mismo territorio han creado un vínculo entre los pueblos aimara y quechua. Ambos tienen muchos aspectos étnicos, geográficos e históricos parecidos, diferenciándose aparentemente solo en términos de idioma. Siglos de desarrollo lado a lado en los Andes bolivianos han aumentado las similitudes y acentuado las diferencias.

El dominio quechua sobre los aimaras ocurrió cuando ellos se dispersaron hacia el sur de Cuzco, que era la capital del Imperio Inca en el siglo trece, antes de la colonización española. Intentos iniciales del uso de la fuerza para el sometimiento no duraron mucho y los grupos quechuas optaron por una estrategia más diplomática, desplazándose a territorios aimaras bajo la dirección de un representante del inca. Con la idea de romper la unidad del pueblo aimara, los quechuas se establecieron en los Andes bolivianos, primero alrededor del lago Titicaca luego en los valles más calientes. Este fue el comienzo de una correlación entre dos culturas, que hoy, después de siete siglos de intercambio y coexistencia, representan el cimiento principal de la identidad boliviana.

Un análisis étnico comparativo de la penetración moderna y los ofrecimientos religiosos, como el neopentecostalismo en medio de los quechuas y aimaras, revela dos rutas diferentes: una de flexibilidad y la otra de resistencia. Los quechuas tomaron un camino histórico más abierto. Desde sus orígenes tuvieron más elementos híbridos, tuvieron éxito en coexistir con otras culturas, se dispersaron y esto los llevó a tener mayor interdependencia. Los aimaras, por otro lado, fueron más cerrados culturalmente y fueron más estáticos geográficamente, se resistieron al hibridismo y a la mezcla cultural. Como resultado de ello, su identidad cultural, aunque tan dinámica y cambiante como en cualquier cultura, fue menos influenciada por incursiones religiosas.

El encuentro de lo aimara con la religiosidad evangélica no ha cambiado este modelo histórico. Los quechuas, al convertirse en un objetivo de la misión neopentecostal se han adaptado más fácilmente y han emergido juntos para formar una nueva etnicidad. Los aimaras, en cambio asumen su etnicidad con más tenacidad, construyendo una nueva identidad neopentecostal que está aún basada en su visión indígena del mundo y de la vida.

El modo de vida evangélico, el cual permanece aprisionado por un marco de ideas acerca de Dios y Jesucristo, combinada con algunas disciplinas espirituales como la oración, si no se abre a la dimensión no racional de la vida no tendrá posibilidad de saciar con profundidad el hambre espiritual de los neopentecostales aimaras.

La religión aimara tradicional: estructura, deidades y especialistas

¿Han conservado los aimaras sus deidades pre-católicas y sus especialistas religiosos a lo largo de su larga historia religiosa, o su religiosidad precolonial ha sido completamente anulada? Guaygua y Castillo dicen que existe una yuxtaposición de lógicas religiosas entre el catolicismo popular y las creencias aimaras.[15] ¿Existe una yuxtaposición parecida entre neopentecostales y aimaras? No sería sabio hacer afirmaciones acerca de la religiosidad aimara sin tener una idea clara de lo que esta religiosidad implica. Por lo tanto, este apartado ofrece una breve descripción de la tradición religiosa aimara, su estructura, sus deidades, rituales y especialistas.

El punto de partida para esta descripción analítica son los testimonios recogidos durante un trabajo de campo. Los sujetos del estudio son miembros de la congregación neopentecostal IPdD.

Se han elegido tres testimonios de entre sesenta, los mismos plantean algunos aspectos reveladores de percepciones moldeadas en el pasado. Estos relatos nos muestran que las creencias de la religión

---

[15] Guaygua y Castillo, «Identidades y religión», 39.

tradicional aimara no se han eliminado completamente, ni siquiera parcialmente.

Mi madre solía contarme acerca de una mujer cuyo rostro fue herido y le dio un dolor de cabeza, el *yatiri* vino y comenzó a rezar en un cuarto cerrado, sin luz. Entonces, vino un viento y el *yatiri* comenzó a golpear el aire con su cinturón y preguntó en aimara dónde estaba la maldición, se escucharon algunas voces que sólo él podía entender. Después, todos fueron al establo donde las vacas eran alimentadas, allí encontraron un estanque donde había sapos y pequeñas lagartijas, estaban atravesadas por alfileres y estaban muriendo, también había cabellos y una chalina que era de mi mamá. El *yatiri* soltó a estos animales afirmando que si estos pequeños animales morían la mujer también moriría. Sí, estas cosas afectan, al menos por un periodo de tiempo.

Te voy a contar acerca de mi mamá. Ella murió hace ocho años envenenada por el alcohol. Durante ocho días hicimos cosas que se supone tienes que hacer: beber bebidas alcohólicas y quemar su ropa. Todo estaba allí, las cosas nuevas las guardamos, la ropa vieja la quemamos. Después, guardamos luto durante un año, y luego dejamos de vestir de negro. Tuvimos una fiesta y fogata, saltamos por sobre la fogata. Yo pienso que tu sufrimiento y no sé qué cosas más se dejan en la fogata.

Un *yatiri* vino a mi casa hace tres años y medio. Mi tía tenía una tienda de ropa. Él comenzó a sanar a cada uno en la familia para que cambiara su suerte, pues quizá alguien podría estar maldecido. Uno de los familiares dio un sobre para ponerlo cerca del corazón. El *yatiri* se arrodilló y comenzó a cantar en aimara y sahumando con incienso. Al día siguiente él nos dio un líquido para derramarlo cerca de la tienda de la vecina, para que la suerte de ella nos pase cuando pisemos en el líquido. También nos dijo que podíamos hacer un agujero en el suelo cerca de la otra tienda y colocar un paquetito para recibir su suerte.

El primer testimonio corresponde a un joven que es un nuevo convertido al neopentecostalismo, él nos abre una ventana para ver el mundo de las deidades aimaras. Las voces que escucharon se entienden que son como voces de espíritus. El segundo testimonio es de una joven mujer miembro de Poder de Dios, ya por algún tiempo. Ella nos presenta el universo de los rituales describiendo uno ofrecido a los muertos. El tercero es también de la misma congregación, un miembro ya antiguo. Él nos da un acercamiento a los especialistas religiosos aimaras, el más popular de ellos es el *yatiri*.

Estructura

La sacralidad es la materia prima que yace en el corazón de la cultura aimara. Es inaceptable para cualquier aimara no creer en Dios y las deidades o tratar de expulsar de sus rituales a las imágenes y estatuas católicas, su contenido y sus símbolos, aunque estos últimos elementos fueran impuestos a sus antepasados desde la llegada de los españoles. El hombre y la mujer aimara tienen una actitud religiosa hacia la vida y dan a todas sus actividades un significado espiritual. El resultado de ello es un sistema complejo de rituales vinculados al calendario agrícola y al santoral católico, el cual fue introducido en el siglo XVI.

La percepción del ser supremo, el *Apu Kollana Auqui*, quien es tanto Soberano Padre Dios, como *Viracocha* Dios creador y cultivador de esta tierra, se encuentra en la religiosidad aimara.[16] Ellos creen que él es el creador que protege todo lo que existe y es el benefactor de los seres humanos. Al mismo tiempo lo ven también distante, dios inaccesible, que vive en el paraíso, listo para castigar.

Él se comunica por medio de fenómenos naturales y por medio de enviados humanos y no humanos. La gente aimara también reconoce la existencia de otros seres espirituales que tienen poder, pero nada comparado con el poder de Dios. Algunos se los llama espíritus «tutelares» o protectores, lo cual significa que la gente recibe bienes de parte de ellos y les dan ofrendas para ganar el favor de esos espíritus. Otros espíritus se consideran espíritus malignos; estos existen para hacer el mal y, cuando el hechizo o la maldición ha sido hecha, sólo pueden ser confrontados dando una serie de ofrendas al espíritu maligno.

El sistema de creencias aimaras incluye deidades pre-católicas, hacedores de bien cuya fuerza vital se encuentra en la naturaleza y el

---

[16] Jolicouer, *El cristianismo aimara*, 34.

cosmos. Estas deidades varían dependiendo de la región geográfica, pero la mayoría está situada en el mundo andino, el *aka pacha* es uno de los tres espacios de su cosmovisión. Estos pueden estar en el *alajj pacha*, el mundo de arriba.

Deidades

Espíritus tutelares

Algunas deidades aimaras que tienen más de cinco siglos de vigencia se han resistido a ser desplazadas por el cristianismo. En muchos casos, el sistema de creencias aimara ha emergido junto con el sistema de creencias católicas para legitimar la realización de sus funciones. En otros casos, ha asumido nuevas funciones «cristianas», bautizándolas con un nuevo nombre pero manteniendo una fuerte identidad ancestral. El resultado es impensable, un cristianismo católico sin una religiosidad aimara, así como un aimarismo sin cristianización.

La percepción aimara de la realidad ve a las montañas, lagos, tierra, rocas y otros elementos de la naturaleza como seres que tienen un espíritu, una voluntad y una capacidad de entrar en acción. Cada parte de la naturaleza y sus productos poseen espíritus, incluso si son elaborados por la mano del hombre. El aimara busca sentir la fuerza espiritual poderosa del cosmos y de la naturaleza alrededor de él y ve vida en todo lo que le rodea, tanto en forma humana como no humana. En este tipo de espiritualidad, los espíritus tutelares o guardianes-tutores, ofrecen protección, pero siempre y cuando su «hambre» sea satisfecho. Si no, se sienten ofendidos, se ponen rabiosos y causan daño, así como lo haría un espíritu maligno.

1. *Pachamama*

    Entre los espíritus tutelares, la Pachamama es la más conocida y reverenciada, conocida como madre tierra, también llamada *wirjina*. Esta relación claramente la identifica con la virgen María. La Pachamama representa el espacio geográfico, el tiempo y el movimiento, también incluye los recursos naturales y las tierras cultivables. En las áreas urbanas, la tierra donde se construyen las casas pertenece a la Pachamama. Los aimaras creen que este espíritu tutelar da vida a los sembradíos, fertilidad al suelo y comida a los seres humanos. La Pachamama está presente en todo lugar, aun en las áreas más accidentadas y peligrosas. Ella protege y castiga, es proveedora generosa pero fácilmente se enoja. Su nombre es Pachamama porque la tierra es como una madre. Esta creencia refleja la fuerte afección por la tierra, ya que es allí donde los seres humanos nacen, comen, viven y mueren. La Pachamama puede aparecerse en forma de mujer y hablar con voz de mujer, pero también puede tomar la forma de un sapo.

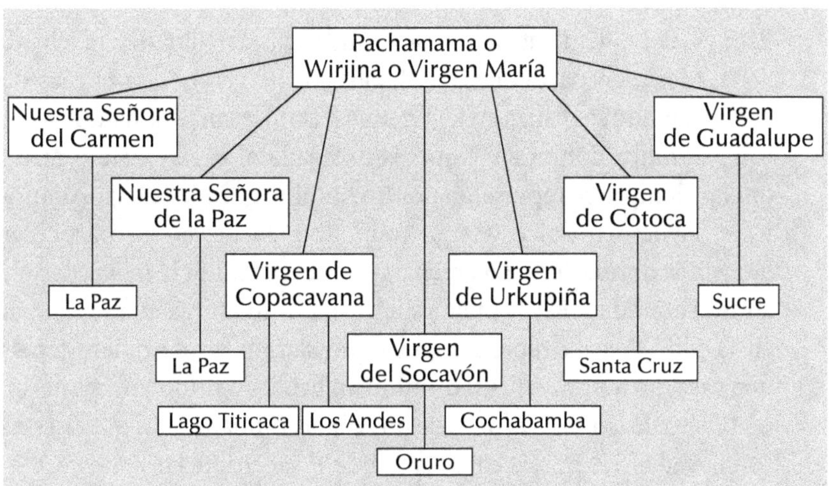

Cuadro 1. Taxonomía del sincretismo católico romano de «Pachamama» y sus lugares

2. *Achachila*

Este nombre viene de la palabra aimara *achachi* que significa abuelo o ancestro y se refiere a la creencia de que todo lugar alto o inclinado tiene un espíritu. Los espíritus de las montañas y las colinas, llamados *achachilas*, *wak'as* o *achilas*, cuidan de la colina, de la vida comunitaria y de la región más amplia. Estos enseñan cómo vivir bien y en armonía con el cosmos y toman el nombre de las colinas y las montañas del área. Son los señores de las nubes, la lluvia, el granizo, la nieve y el agua y son capaces de enojarse y de castigar. Los espíritus de los ancestros más importantes reciben el nombre de las montañas más altas, por ejemplo, *tata Illimani*, *tata Illampu*, son los espíritus más poderosos, la mayoría son masculinos.[17] Al contrario, los ancestros menos importantes, llamados *jisk'a achachilas*, se encuentran en las colinas bajas y más accesibles; estos *achachilas* hacen el mismo trabajo en los territorios menores y en cada aillu. Pueden aparecer en forma humana en los sueños. Los santos católicos han sido incorporados en medio de estos espíritus tutelares, ya que sus imágenes son consideradas protectoras de aquellos que les rindan culto, rezando o cargándolos en los días de fiesta del patrono.

3. *Iqiqu* o *ekeko*

   Este es el espíritu tutelar de la abundancia, fertilidad y felicidad. Se le adora, en particular, en el solsticio de verano, en el mes de enero, cuando se realiza en La Paz una feria artesanal llamada *Alasita* (que significa comprar) y que es dedicada al *ekeko*. Este espíritu tutelar siempre se representa por un hombre gordo, de baja estatura y de aspecto mestizo. Carga todo tipo de cosas, en particular utensilios domésticos. La creencia es que él expulsa la mala suerte y atrae la abundancia y la buena suerte. Las miniaturas que se venden en la feria Alasita representan lo que cada persona quiere tener: una casa, un automóvil, un camión, un bebé, un título universitario, un boleto de avión. Después de ofrecer las miniaturas al *ekeko*, estas son llevadas a la iglesia católica donde el sacerdote las bendice.

4. *Kuntur Mamani*

   Este espíritu protector se asocia con el techo de la casa, parece ser la razón de su nombre que significa cóndor halcón, que son dos de las aves más apreciadas por los aimaras. Sin embargo, el dominio de este espíritu va más allá del techo, incluye la casa entera y la vida de la familia que la habita. La parte femenina es la *qhiri awicha*, que significa abuela de la cocina. Como su versión masculina, su influencia no se limita a la cocina sino a toda la casa y todo lo asociado con el escenario doméstico como el patio, jardín, gallinero; toda esta área está bajo la protección de este espíritu. El pueblo aimara, además de creer en este espíritu tutelar también coloca el símbolo católico de la cruz y un santo católico en la pared o el estante, para garantizar la seguridad de la casa.

---

[17] Spedding, *Religión en los Andes*, 110.

5. *Illa*

   La *illa* o *mama illa* es el espíritu protector del ganado y los animales domésticos; una de sus tareas es ayudar en la reproducción. Su nombre probablemente viene de la palabra aimara *illapa*, que significa rayo y se asocia con el nombre de los más majestuosos picos nevados del Altiplano, Illimani e Illampu. Se cree que estos seres fueron los creadores de la lluvia y el rayo. Las *illas*, sin embargo, no son exclusivamente espíritus de animales domésticos, también protegen otras cosas que son importantes para la vida doméstica como la vestimenta, el producto agrícola y el dinero.

6. *Ajayu*

   El *ajayu* es diferente a los espíritus antes presentados pues no es considerado una deidad sino una parte de cada ser a nivel personal. El ser humano puede tener dos o más espíritus: el alma, el alma del cuerpo y el *ajayu*. El alma es lo que podría ser entendido como el espíritu de la persona, que se separa del alma del cuerpo cuando la muerte se aproxima. El alma del cuerpo descansa, pero el alma viaja lejos, cruza aguas y va a Dios y retorna, según la creencia aimara, cada día de Todos los Santos. El *ajayu*, que significa espíritu de la fuerza vital de la persona, se junta al alma cuando la persona muere. No es parte del cuerpo, es más como una sombra. Si la persona se asusta puede perder su *ajayu* o podría separarse del cuerpo y caminar a alguna distancia de la persona. Cuando esa persona duerme se va a otra parte a hablar con los *ajayus* de otras personas o es visitada por ellos.[18]

Espíritus malignos

La tarea de estos espíritus es hacer daño a los seres humanos, algunos son ambivalentes y pueden hacer bien y mal, como es el caso del *tío* o los *tíos*, a quienes se los debe mantener contentos. Estos espíritus no tienen una forma o condición definida y pueden tomar diferentes apariencias y conductas. Estos, en general, no tienen nombres propios, pero tienen lugares específicos donde viven y épocas específicas para salir. Los espíritus malignos engañan a las personas apareciendo ante ellas de

---

[18] Spedding, 91-92.

formas atractivas; lanzan hechizos y maldiciones que son realizadas por los hechiceros. El hombre y la mujer aimaras están constantemente alertas para asegurarse de no caer atrapados por ninguno de esos poderes, se protegen de ellos gracias a rituales que son el medio para mantener distancia de esos espíritus malignos. Aunque se cree que ningún espíritu es completamente malo, se piensa que estos espíritus malignos tienen mucha hambre. Si se les alimenta bien usaran sus dones extraordinarios, de lo contrario ellos pueden causar enfermedad, muerte y desastres naturales. Mientras más se entra en el sistema de creencias, el panorama se vuelve confuso. El margen que separa a los espíritus tutelares de los malignos se diluye; y aparentemente los espíritus peligrosos tienen la capacidad de convertirse en espíritus protectores.

1. *Supay* o *supaya*

   Supay se traduce como diablo y se entiende que es sinónimo de este. Es el espíritu maligno de más alto nivel. Busca controlar el alma de las personas, se mueve alrededor de lugares desconocidos e inhóspitos. Antes de la llegada de los españoles, el *supay* era un espíritu ambivalente, tanto bueno como malo, pero gradualmente fue transformándose en el propio demonio.

2. *Saxra*

   Este es un espíritu maligno que obedece al *supay*. No es un sólo espíritu sino muchos que vagan por todo espacio ocupado por el pueblo aimara. Estos viven en las tempestades de polvo y salen al anochecer, causan enfermedades y hacen que la gente pierda su alma.

3. *Antawalla*

   Son los duendes, son espíritus pequeños que se ven como enanos humanos que algunas veces cargan un candelabro o un mechero encendido en sus manos. A ellos les gusta vagar por lugares húmedos o en noches oscuras. Si alguien ve uno, puede enfermarse o morir.

4. *Tío*

   Es un espíritu maligno de quien se cree que es dueño de las minas y de los recursos minerales. Aunque pueda estar ligado a Satanás, él también puede ser benevolente si recibe la cantidad y el tipo de ofrendas que le agradan. Los mineros aimaras creen que si hacen un pacto con el tío pueden recibir su protección, encontrar mucho mineral y volverse ricos. Se dice que el tío aparece en sueños o a los mineros que trabajan bajo tierra.

5. *Almas condenadas*

Son espíritus de hombres y mujeres que han pecado, que han perdido su fe en Dios y han muerto sin arrepentirse. Después de morir, estos vagan por el mundo; son las almas que han salido de sus sepulcros porque en vida vivieron mal.

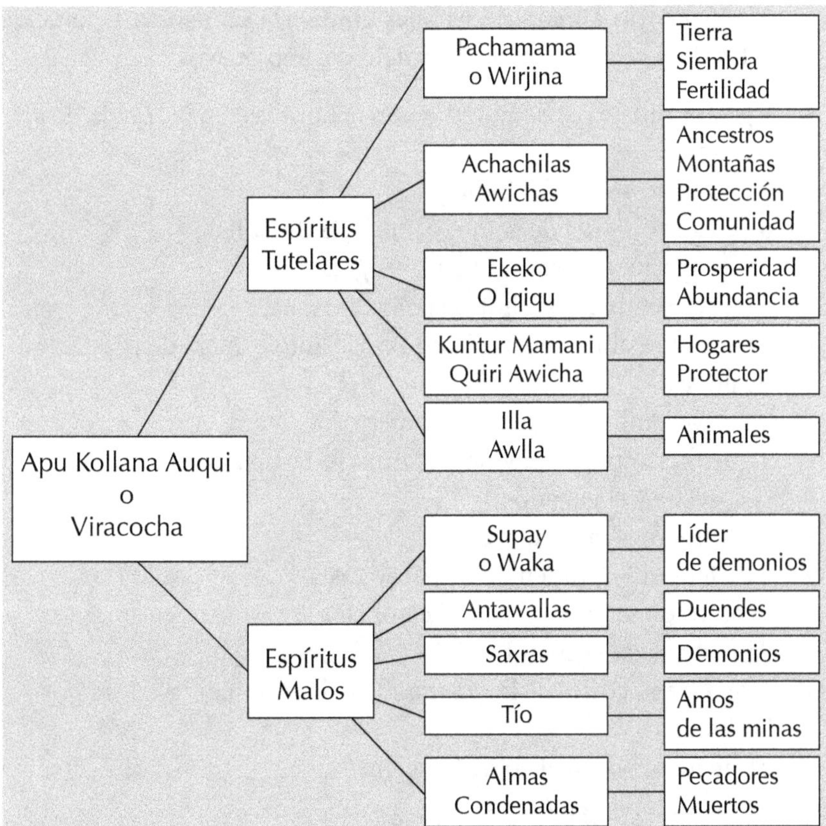

Cuadro 2. Taxonomía del panteón aimara y sus poderes, se sigue la construcción de Bouysse-Cassagne, Therese.

Rituales y mesas

Los rituales aimaras se pueden dividir en tres categorías: aquellos que siguen el calendario católico y están vinculados estrechamente al calendario agrícola, los ritos de iniciación y las ofrendas en mesas. Los tres son interdependientes. El ciclo de los rituales se basa en el calendario católico, las fechas coinciden con el calendario pre-católico, pero el calendario indígena se ha vuelto más importante. El punto alto es el mes de noviembre, conocido en aimara como el *aya marca quilla* o el «mes del pueblo de los muertos». Este mes se dedicó para recordar a los muertos, de esta forma, fue fácil coincidir y combinarlo con la celebración católica de Todos los Santos, que también es en noviembre.

El calendario aimara de rituales comienza en agosto y coincide con el fin de la cosecha anual y el inicio del año nuevo:

- Agosto: rituales de sembradío con la familia y en la subida de la montaña
- 2 de agosto — día del indio
- 6 de agosto — día de la independencia de Bolivia
- 15 de agosto — ascensión de la virgen María
- 8 de septiembre — Señor de la Exaltación
- 1º de noviembre — día de Todos los Santos, inicio de la estación de lluvias
- 2 de noviembre — día de los muertos
- 25 de diciembre — navidad, el niño Jesús bendice a los niños, la cosecha y el ganado
- 1º de enero — año nuevo
- 2 de febrero — virgen de Copacabana
- Febrero o marzo — carnaval católico
- Abril o mayo — cuaresma
- Mayo, pentecostés — la *mamata* (madre semilla), gratitud por la cosecha
- 21 de junio — solsticio de invierno
- 24 de junio — san Juan
- 29 de junio — san Pedro y san Pablo
- 16 de julio — virgen del Carmen
- 25 de julio — inicio de las celebraciones del día de la independencia
- 31 de julio — inicio de las *ch'allas* (ofrendas) a la *Pachamama*

Aunque esta lista es de los rituales anuales más comunes, cada región adapta y modifica el calendario para reflejar sus propias características.

Sería virtualmente imposible tratar de mencionar cada ritual aimara; pues además de las fiestas cristianizadas existen numerosos rituales dedicados a los ancestros, los cuales son celebrados por los aimaras que viven en áreas rurales y urbanas. Los rituales tienen ofrendas simples y múltiples. La más simple y común de las ofrendas es la *ch'alla*,[19] que es una libación para la *Pachamama*. Antes de beber algún tipo de bebida con alcohol, la gente echa una pequeña cantidad de la bebida alcohólica de sus vasos al suelo como una ofrenda a la madre tierra. Una cosa es cierta, los rituales aimaras han indigenizado al cristianismo católico, lo contrario no ha ocurrido. Desde la llegada de los primeros misioneros, junto con las poblaciones de españoles, la conversión de los esclavos indígenas fue superficial. En términos ritualistas prácticos, el sincretismo sí ocurrió, pero no significativamente. Si bien es cierto que los rituales andinos sí incluyen elementos cristianos como el crucifijo, las campanas, las imágenes de los santos, los candelabros y los rezos como el ave María y el Padre Nuestro.

Las costumbres tradicionales animistas se ven más claramente en los rituales. A pesar de las persistentes inequidades entre los campesinos aimaras y los residentes citadinos mestizos aimaras, ambos grupos comparten una marcada conducta ritualista. *Cha'lla*, *q'uwa*[20] y *sahumerio*[21] son los rituales aimaras más importantes y populares. Son las expresiones religiosas más populares en La Paz y en toda Bolivia, especialmente cuando se trata de ofrendar a la *Pachamama*.

Rituales de iniciación

Nacimiento

La creencia aimara es que cuando uno nace es hijo de la *achachila*, porque el nuevo bebé pertenece a los ancestros. Durante el embarazo,

---

[19] *Ch'alla*, libación con bebidas alcohólicas para diferentes divinidades, especialmente para la *Pachamama*. Consiste en echar una porción de bebida alcohólica del recipiente que cada persona usa sobre el suelo antes de beberlo por completo. Albó, *Raíces de América*, 589.

[20] *Q'uwa*, hierba Silvestre usada en rituales. La planta aromática es quemada en la ofrenda. *Q'uacha*, ofrenda con la *q'uwa*. Albó, 602.

[21] *Sahumerio*, el humo de la planta aromática quemada que es pasado sobre las ofrendas.

la madre recibe atención especial y comida que la protege de las fuerzas de la naturaleza. El nacimiento se considera sagrado, pero también un momento peligroso, por tanto, se realizan rezos especiales y ofrendas. El nacimiento está vinculado a fuerzas ancestrales y a las sagradas fuerzas de la naturaleza, a las cuales los ancestros suplican por protección y tratan de complacer.

Bautismo

Los aimaras creen que la *wawa* o bebé recién nacido llega ser cristiano y parte del mundo social por el bautismo. Se nombran padrinos para que sirvan como modelos para el niño en una relación de largo plazo, donde se forja una relación de reciprocidad entre el bebé, la familia y los padrinos. Los parientes y los padrinos llevan a la *wawa* a la iglesia, donde la ceremonia del bautismo también sirve para darle nombre al niño. Se cree que este ritual protege al niño del lado malo de los ancestros o *achachilas*.

Rutucha

El próximo paso en la vida del niño o la niña es la *rutucha*, el primer corte de cabello. Otra vez, se nombran padrinos de influencia en la sociedad, pueden ser los mismos que fueron elegidos para el bautismo. Ellos le dan al niño ropa nueva para ser usada después del corte de cabello. Los amigos y la familia se reúnen con los padrinos para comer juntos. Los padrinos cortan el primer mechón de cabellos, lo envuelven en un billete y lo ponen en un plato en medio de brindis y juegos. Todo el dinero recibido es para ayudar el niño a sobrevivir en el mundo real y, por tanto, este ritual representa la entrada del niño en la vida económica de la familia y la comunidad.

Quince años

Es un rito de iniciación a la vida adulta, que ha sido adoptado por muchos aimaras en el área urbana, es el cumpleaños número quince de las mujeres. Esta es una práctica muy común en las clases media y alta en Bolivia. Los padres, parientes y padrinos se juntan para tener una fiesta con baile y bebidas donde se presenta a la nueva quinceañera como mujer que ha entrado a la adultez.

El servicio militar

Hombres jóvenes entran en la vida adulta a los dieciocho años, cuando terminan su año de servicio militar. Esta celebración es particularmente común en medio de las clases económicamente pobres. El tiempo duro en el ejército, separado de la familia, la disciplina que implica el ejercicio físico y el patriotismo, son vistos como preparación del hombre para el matrimonio. En la fiesta, que se lleva a cabo al finalizar el servicio militar, el hombre recibe regalos para la casa y las personas cuelgan dinero de su uniforme, todo esto le ayudará a formar un nuevo hogar.

Finalización de los estudios en el colegio

Finalizar los estudios en el colegio se considera un paso importante para asumir las responsabilidades de adulto. Después de la ceremonia de graduación en el colegio, se organiza una gran fiesta con familiares y amigos, con mucha comida, bebida y baile. Otra vez se nombran padrinos, y generalmente estos pagan algo de la fiesta y dan al muchacho o la muchacha un regalo especial.

El matrimonio

En la tradición aimara, la pareja comenzará a vivir juntos por un período de tiempo conocido con el nombre de *sirwiñacu* (servicio mutuo). Al formar su hogar, el aimara se convierte en un *jaqi*, que significa «persona». Es como nacer de nuevo para asumir responsabilidades de reciprocidad con su nueva familia, con la comunidad y con la sociedad. Es lo opuesto es ser un *q'ara* o desnudo. La incorporación sagrada a la vida social comienza con el nacimiento, pero llega a su culminación con el matrimonio. Después del matrimonio, la persona alcanza la madurez para comportarse con responsabilidad y solidaridad.

La muerte

La muerte trae varias ceremonias complejas en un periodo de tiempo bastante largo. Primero viene el velorio, luego el entierro, el lavado de las ropas del difunto, la misa de ocho días, la misa de un año y las misas de Todos los Santos con ofrendas de mesas que se observan durante tres años después de la muerte del ser querido. La gente se viste de negro durante un año después del fallecimiento y se supone que ciertas cosas no se deben hacer como, por ejemplo, bailar o divertirse. La creencia es que después de la muerte viene el descanso o el castigo eterno y la senda del fallecido hasta llegar al juicio de Dios está llena de espinos. Se cree que las diferentes misas y ceremonias ayudan a la persona fallecida en este camino hasta cruzar un río y llegar a Dios, quién lo juzgará por sus acciones mientras estaba vivo. Si él fue bueno será aceptado en el paraíso, de lo contrario será enviado de vuelta a la tierra a vagar como un alma condenada hasta pagar sus errores y ser aceptado en el cielo.

Las mesas

Los rituales están casi siempre acompañados por mesas u ofrendas, las cuales pueden ser simples o involucrar varios componentes diferentes. El uso de humo aromático, generalmente incienso, es común; este se sopla alrededor de la persona u objeto a ser bendecido. La mesa cargada de objetos simboliza la comida para las almas y son los elementos más comunes de las ofrendas aimaras. La gente cree que estas mesas son absolutamente vitales. Un aspecto curioso es que los aimaras confunden la palabra misa con la palabra mesa, por la dificultad que ellos tienen de pronunciar la letra «e» del castellano. El ritual de la misa en la iglesia católica incluye el preparar la «mesa» fuera de la iglesia. Aquí se puede observar que el sacerdote católico y el aimara son vistos como agentes religiosos igualmente válidos.

Las mesas aimaras son para el benefactor o para los espíritus malignos, quiénes exigen una mesa porque siempre están enojados. La creencia es que después de que ellos coman, estarán satisfechos y deseosos de bendecir a la persona que ofrece la comida, pero si las ofrendas de comida son pobres, entonces los espíritus se enojarán. Se pueden comprar mesas ya preparadas en los mercados bolivianos, pero el ritual requiere que, durante la ceremonia, cada componente esté colocado sobre la mesa en cierto orden y debidamente acompañado por rezos y otras actividades.

En nuestros días, estas mesas se preparan con papeles coloridos: el propósito de la mesa indica el color del papel. Papel blanco, por ejemplo, es por bendiciones; verde por productos y cosecha y negro para maldiciones. Otros artículos son colados sobre el papel como vasos pequeños, bandejas, mazorcas de maíz, hilos de lana de alpaca u oveja entrelazados y hojuelas de plantas aromáticas. Más elementos se agregan dependiendo del propósito de la mesa y de la región donde esta se ofrece. Los papeles negro y blanco son quemados y los verdes son enterrados. Otro ingrediente común es el llamado *pasterios* o misterios, que son placas cuadradas de azúcar endurecida donde se estampan las figuras de la virgen, una montura de caballo de carrera, estrellas, calaveras, etc. Los diseños que se usan sobre los «misterios» son cada vez más complejos. Algunos diseños actuales son de gente sacando dinero del banco, jóvenes en el servicio militar y una persona sentada en su puesto en el mercado. La figura del sapo está siempre presente representando a la *Pachamama*, y la figura del corredor de caballos representa al «tata» o Santiago el apóstol. Junto a estos *pasterios*, la mesa contiene dulces, vegetales, flores, grasa de llama y hojas de coca ordenadas según el propósito de la mesa.

El significado de la mesa depende de la forma en que los componentes sean ordenados en el ritual. La secuencia del colocado de cada elemento y el lugar donde son puestos tiene un significado simbólico. El *yatiri* o maestro generalmente es quién coloca los ingredientes sobre la mesa aunque otras personas también pueden ser invitadas a participar. En cada ritual, el masticado de las hojas de coca es parte de la secuencia de eventos, así como el rociado de la mesa con alcohol, conocida como el *ch'allado*. La creencia es que los espíritus son adictos al alcohol y que la mesa tiene que ser quemada o enterrada porque los espíritus perpetuamente tienen hambre. En nuestra investigación, los rituales asociados con la muerte fueron los más mencionados por los neopentecostales aimaras que participaron en los grupos focales. Ellos detallaron los pasos que se dan en las diferentes ceremonias cuando alguien muere.

Especialistas religiosos

Yatiri

El *yatiri* es el agente religioso más popular y ampliamente aceptado. Él es quién dirige la mayoría de los rituales tradicionales habiendo sido capacitado para conocer e interpretar su significado y preparación. Sabe cuándo, cómo y dónde realizarse cada ritual. Hay diferentes tipos de *yatiris* para diferentes funciones y cada uno es reconocido y respetado por el trabajo que hace. El *yatiri* es considerado como alguien que tiene autoridad en la comunidad y da continuidad a las tradiciones religiosas, y también es considerado como una persona diferente, separada de la gente común. *Yatiri* es el nombre que comúnmente se le da al hombre sabio, al sanador, adivino y ritualista. Cada uno opera dentro de una tradición determinada, pero puede adaptar cada ritual a su propio gusto personal y a los requerimientos de sus clientes.

Los *yatiris* son autodidactas y no tienen nada parecido a una Biblia o manual que guíe sus actividades. Uno se convierte en *yatiri* gracias a una experiencia espiritual sobrenatural, de la cual él o ella es el único testigo. Por ejemplo, un requisito irrefutable es haber sobrevivido a ser accidentalmente impactado por un rayo. Antes de ser capaz de realizar los rituales y las ofrendas sólo, antes de poder ser *yatiri* tiene que trabajar como asistente de un *yatiri* reconocido. Ofrecen rituales para todo tipo de situaciones: enfermedades, plagas, para hacer que la lluvia pare, para la prosperidad económica, para encontrar una pareja, para que la esposa o el esposo deje de ser infiel, para encontrar al ladrón o los objetos robados; para interpretar sueños, predecir el futuro, llamar de vuelta al *ajayu* o el alma que se ha perdido, para dar consejos. Pueden usar diferentes métodos, pero uno de los más comunes es leer las hojas de coca.

Ch'amakani

Este es el adivino o el que sana, tiene poder para hacer que los espíritus hablen y respondan a sus preguntas, algo que los *yatiris* no pueden hacer. Los espíritus a los que el *ch'amakani* obliga a hablar sólo lo hacen en completa oscuridad, en una sesión realizada en la noche porque no pueden ser vistos por nadie. Tanto mujeres como varones pueden ser *ch'amakanis* y *yatiris* y, aunque históricamente la mayoría han sido hombres, el número de mujeres está creciendo. Si a estos adivinos o sanadores no se les paga por sus servicios, su trabajo no tendrá ningún efecto; la persona que paga más consigue lo mejor y el resultado es más duradero.

Layqa

El brujo o vidente, hechicero o hechicera que rompe los hechizos y maldiciones se conoce como *layqa*. Su nombre varía dependiendo de lo que hagan y generalmente operan en secreto porque no son considerados legales. Las ceremonias de hechizos tienen el objetivo de maldecir o hacer daño a alguien, algunas usan un número sorprendente de símbolos católicos, por ejemplo, se encienden candelabros y se usan rosarios como en la misa católica.

Kharisiri o *kharikhari*

Son personajes míticos, peligrosos, tradicionalmente concebidos como sacerdotes católicos, aunque recientemente se considera que los *kharisiris* podrían ser tanto hombres como mujeres. Vagan por lugares aislados repitiendo rezos y con poderes sobrenaturales para hacer que la gente se duerma, y así ellos puedan robar grasa de la cintura para venderla. La victima despierta sin darse cuenta de lo que ha sucedido y después se enferma con fiebre, dolor y vómitos, puede morir si no se cura a tiempo. Algunos estudiosos dicen que los *kharisiris* no existen en realidad, la enfermedad expresa miedos por lo desconocido y por estar sólo o sola en ese camino.

Conclusión

En todo lugar la gente experimenta la búsqueda universal de Dios y cada tiempo tiene su particular forma de expresión. El sistema complejo de creencias aimaras no ha sido tomado en consideración en la cristianización del pueblo aimara, ni en el pasado ni hoy en día. Los incas y los españoles, de la misma manera que los neopentecostales, piensan que los aimaras no son religiosos, que su espiritualidad no es valiosa para ellos o que su sistema de creencias puede desaparecer como por arte de magia. La gente responsable de la misión cristiana ha fallado en no darle ninguna importancia a los elementos vitales y activos de la espiritualidad indígena. En muchos casos, han optado por ver toda la religiosidad aimara como una expresión demoniaca, negando toda manifestación de la gracia divina común que se manifiesta en todo ser humano y en todo lugar. Las partes abstractas y las prácticas del sistema de creencias que han existido por siglos han sido ignoradas y desacreditadas, dando como resultado la formación de una iglesia extranjera y distanciada, sin raíces profundas en esta tierra y sin una verdadera identidad boliviana.

La búsqueda de Dios de parte del pueblo aimara ha tenido una mezcla de aspectos fatalistas y providenciales. Guaygua y Castillo afirman categóricamente que los neopentecostales no creen que los muertos jueguen algún papel en la vida diaria.[22] La investigación realizada demuestra lo contrario, que los miembros de PdD no sólo continúan participando en rituales a los muertos, sino también en otras ceremonias que involucran a otras deidades y especialistas religiosos aimaras. Parece pues que la cosmovisión religiosa aimara está todavía muy viva en los miembros de PdD, de la misma manera que la está entre los neopentecostales y en la religiosidad urbana aimara de la ciudad de La Paz.

Puede ser que los sacerdotes católicos, pastores evangélicos y *yatiris*, cada uno de ellos con sus propios intereses y aproximaciones, quieran conservar su respectiva tradición, pero la gente común que sigue cada una de estas tres expresiones religiosas parece que no comparte esta preocupación. Su espiritualidad es más pragmática, lo que facilita la persistencia del sincretismo. Ellos son los sujetos religiosos de este estudio. La pregunta es: ¿son los neopentecostales quienes simple y creativamente materializan la condensación de elementos nativos aimaras con características de continuidad de la identidad indígena?

---

[22] Guaygua y Castillo, *Identidades y religión*, 109.

Capítulo 3

Neopentecostalismo boliviano: contexto histórico

Historia cristiana boliviana temprana

Los aimaras en la época pre-colonial y colonial

Se desconoce el origen preciso del pueblo aimara. Sin embargo, la parte más antigua de la historia boliviana se encuentra en el desarrollo de los reinos aimaras, en la parte central de las montañas andinas, desde el final del siglo XII hasta la llegada de los españoles en el siglo XVI.[1] Desde mediados del siglo XV hasta el arribo de los españoles, un período aproximado de cien años, los aimaras primero vivieron bajo el control político y económico de los incas. Luego por casi trescientos años los españoles subyugaron su territorio y su vida, sometiéndolos e implementando una exitosa estrategia de genocidio.

Bajo el Imperio inca, los aimaras fueron sometidos pero sin ser forzados a adoptar otra cultura, costumbres e idioma que no fuera el suyo. Los incas permitieron preservar su identidad y creencias. Nunca un rey o *cacique* (dirigente del pueblo) aimara dominó todos los reinos aimaras, sus dirigentes locales tuvieron a su cargo cada grupo. Así como en otros grupos étnicos existentes, formaron un fuerte sentido de unidad en el altiplano. Los estudios filosóficos, antropológicos, históricos y lingüísticos hechos hasta hoy por una variedad de investigadores dan evidencia de esta realidad.

---

[1] Klein, *Bolivia: The Evolution of a Multi-ethnic Society*, 15

El dominio de los incas sobre la región andina perduró hasta el año 1537, cuando los españoles derrotan y matan a Atahualpa, último inca. Con la llegada de los europeos comenzó una resistencia que, aunque en general fue pasiva y secreta, hubo momentos en que fue violenta y organizada. Varias revoluciones ocurrieron durante los tiempos de la colonia; pero la más importante fue la encabezada por el líder aimara, Túpac Katari, entre 1780-1783, que incluyó todo el territorio aimara.

Desde su arribo en 1492, los conquistadores españoles usaron el cristianismo para los intereses políticos del Imperio español. Encubrieron su ambición de apropiarse de la inmensa riqueza que pertenecía al pueblo indígena, con el exaltado misticismo católico romano.[2] Aquel mismo año de 1492, los españoles finalmente lograron derrotar a sus enemigos islámicos, guerra que duró ochocientos años. Este hecho los llevó a declarar que cualquier otra tierra conquistada por España sería para Cristo y para los cristianos. Esta tremenda coincidencia incendió el fervor del cristianismo español y puso a los conquistadores en movimiento. Tanto soldados como sacerdotes que acompañaron a los conquistadores llevaron un mensaje fuertemente religioso, pero completamente falto de contenido ético. La liturgia católica fue adaptada a las costumbres indígenas y un catecismo superficial facilitó que los grupos indígenas permanecieran con su tradición y sus creencias espirituales mientras nominalmente abrazaban la cristiandad.

Los invasores usaron la espada y la cruz como armas para someter al pueblo y con estas armas persiguieron y atacaron a los nativos; trajeron un sistema cultural exógeno de tierras extranjeras. Este sistema representaba realidades políticas, económicas, religiosas y sociales muy diferentes que no pudieron desplazar la fuerte identidad aimara y sus estilos de vida implicados.

Durante el período colonialista, la amplia variedad de grupos étnicos, anteriormente controlada por los incas, fueron tratados como gente sin identidad propia ni digna de respeto, fueron peyorativamente llamados «indios». Los españoles sometieron a todos ellos a un nivel brutal de subordinación, considerándolos cultural y económicamente nulos. Xavier Albó hace un análisis revelador, clasificando

---

2 Mackay, *El otro Cristo español*, 50-55.

en 3 aspectos la obsesión practicada por los españoles con los nativos: el social, geográfico y lingüístico.[3] Para los aimaras, que consistían en muchos grupos étnicos antiguos con un idioma en común, la obsesión colonialista, paradójicamente, profundizó su identidad y lo consolidó como un pueblo y una cultura única.

La situación de los aimaras bajo los españoles no cambió substancialmente con la independencia de la repúblicas en el siglo XIX. La división geográfica y política que tuvo lugar con la independencia de Bolivia el 6 de agosto de 1825, dividió a los aimaras en cuatro naciones diferentes: Argentina, Chile, Perú y Bolivia. Con la llegada de la República, el pueblo aimara sólo cambió de opresor, el avasallamiento continuó ahora dirigido por las autoridades «criollas»,[4] que impusieron un sistema de propiedad privada feudal.[5] Los aimaras antes nunca concibieron a la tierra como un asunto de propiedad privada, su sentido de propiedad de la tierra era comunal, o más que ello, su percepción es que ellos pertenecen a la Madre Tierra y no lo contrario. La manera aimara de sobrevivir a esta opresión fue aislarse y no participar en la vida nacional. Se alejaron de los centros de poder político y económico para resistir y continuar cultivando su propia cultura en la remota y rural tierra del altiplano. Hoy en día, la auténtica y característica experiencia aimara, mantiene y desarrolla su identidad propia. En este proceso de reconstrucción continua, la tradición étnica ha tenido más peso que la tradición hispánica criolla occidentalizada.

Antes de la invasión española, los «reinos aimaras» aún no estaban unidos. Su ubicación más definitiva, en el territorio del altiplano, probablemente tuvo lugar alrededor del 1200 d.C., a raíz del ocaso de la cultura Tiahuanaco. Xavier Albó en su capítulo introductorio de su monumental compilación de investigaciones sobre el mundo aimara, cuando se refiere a sus raíces históricas dice lo siguiente:

> Los diversos grupos étnicos asentados en la región enfrentaban
> todos ellos la necesidad de encontrar soluciones semejantes a
> un desafío común: la gran masa montañosa de los Andes, con

---

3 Albó, *Raíces de América*, 26.

4 En el caso boliviano, «criollo» fue el descendiente español nacido y ubicado dentro de los límites del país.

5 Llanque, *La cultura aimara*, 35.

> sus alturas y honduras en continua alternancia, su combinación anual de sequía y humedad, su doble barrera natural con el mar a un lado y la selva tropical en el otro... Cabalmente parte de la solución cultural compartida frente a esos desafíos implicó fuertes intercambios y traslados de una a otra parte de este universo andino. Esta permanente interacción facilitaba también la simultanea emergencia de una «cultura andina» con muchos rasgos comunes, sin destruir las peculiaridades de muchos grupos étnicos claramente identificados y diferenciados como tales. Dentro de esa unidad-diferenciación andina, ¿qué será lo aimara?[6]

A pesar de varias hipótesis hasta la fecha, más de cinco siglos después de la invasión, las culturas pre-coloniales, sus tiempos y sus espacios son todavía un enigma que invita a comprometernos con investigaciones serias acerca de la importancia y dignidad de los nativos andinos. Murra (1988: 51-73), sin embargo, ha demostrado que el reino aimara —llamado *Lupaca* antes de la llegada de los incas— vivió en comunidades a lo largo de las montañas andinas al oeste del lago Titicaca, por encima de los 4,000 metros de altura.[7] Las murallas de territorios grandes con más de 60 hectáreas han sido descubiertas con plataformas de sembradíos, corrales de camélidos, viviendas y nichos *chullpas*.[8] Murra concluye que se requiere investigación arqueológica extensa pero que, lo que se llegue a encontrar arriba de los 4,000 metros en esta región, casi con certeza pertenecía a los indígenas aimaras de *Lupaca*.

El encuentro de los aimaras con el catolicismo español

> Cuando caminaba entre las ruinas de sus antiguos castillos, sus solemnes templos, sus caminos reales, sus acueductos, que han soportado la mano del tiempo y el embate de los elementos, me he preguntado ¿dónde están esos poderosos monarcas

---

6 Albó, *Raíces de América*, 23-24.
7 Murra, *El aimara libre de hoy*, 51-73.
8 Murra, 55.

> que ordenaron a los ingeniosos artistas que erigieron estas magníficas obras; dónde esos espléndidos jardines en los que se exhibían plantas y animales de tamaño natural hechos de oro y plata; dónde sus observatorios astronómicos; dónde sus sabias y equilibradas leyes, su paternal gobierno, sus instituciones de caridad y su religión? El mundo entero me responde, ¡han perecido a manos de la violencia y superstición![9]

El dominio español sobre los aimaras se consolidó allá por el año 1538. Sólo seis años después de su arribo inicial, los líderes aimaras fueron maltratados por los conquistadores. Estos obligaron a los nativos a renunciar a sus tierras y a unirse al bien organizado ejército español o a las fuerzas misioneras católicas.

Cuando los conquistadores llegaron por primera vez, pensaron que habían alcanzado a la India, más tarde el continente fue llamado América. Con la mente arrogante del Renacimiento, que defendía y justificaba la esclavitud, vieron a los aimaras como salvajes sin ley, más cerca de ser animales que seres humanos, faltos de cultura, historia y religión. Dedujeron que la gente indígena era inferior, especialmente en el campo espiritual; los llamaron paganos e instrumentos de Satanás. Esta mentalidad de denigrar al otro y de afirmarse a sí mismos como superiores, la usaron para aniquilar y subyugar al nativo y los llevó a cometer un genocidio étnico histórico.

La meta de los españoles fue reducir la población aimara, esparciéndola en grupos pequeños o núcleos nativos y obligándola a trabajos forzados en las minas de Potosí. La «mita»[10] fue reinventada e implementada por el virrey Francisco de Toledo (1515-1581),[11] junto con la explotación pro-esclavista. El objetivo de los españoles era extirpar las creencias religiosas indígenas, su presunta ignorancia religiosa en el tema de la salvación, con el fin de enseñarles la fe católica.

---

[9] Citado en Bowman, *Vicente Pasos Kanki*, 32.

[10] La *mita*, institución económica colonial en los Andes, obligaba el trabajo de los indígenas en la minería, agricultura, ganadería y los mercados.

[11] Meza Gisbert y otros, *Historia de Bolivia*, 97-104.

Marzal dice que los colonizadores eran legalmente comisionados como misioneros por la corona española bajo los estatutos del patronato regio.[12] El rey español primero persuadió al papa Alejandro sexto, en el año 1493 y luego al papa Julio segundo, en 1507, para que autorice el tratado llamado patronato regio, que consistía en otorgar el estatus de misionero a los esfuerzos colonizadores españoles. Esto significaba que los obispos y los sacerdotes no sólo eran nombrados por el rey español Felipe cuarto, sino también eran pagados por el rey en lugar del papa de Roma.

En el siguiente testimonio honesto y doloroso, Marzal, un sacerdote católico, da algunas ideas del carácter del patronato:

> En la evangelización fundante hubo una primera etapa etnocida, que fue promovida tanto por los conquistadores para racionalizar sus rapiñas, prescindiendo ahora de su sinceridad subjetiva, como por los mismos misioneros debido a sus presupuestos teológicos. Tal evangelización etnocida se dio más en México y Perú por la riqueza de sus templos y la complejidad de sus religiones…[13]

Esta cita ayuda a entender que lo que fue llamado «evangelización» no trajo buenas nuevas, sino muy malas noticias para los nativos. El régimen impuesto por el patronato fue cómplice del etnocidio practicado, porque enmascaró las malvadas alianzas formadas entre sacerdotes y los jefes magistrados en contra de los andinos aimaras y quechuas.

> Así en un período relativamente breve, menos de un siglo, la figura del dios cristiano encubrió a la del Sol, la cual en tiempos anteriores ya había reemplazado a la de Viracocha (Wiraqucha), sucesor a su vez de Tunupa.[14]

¿Qué trasfondo teológico tenían los colonizadores bajo la protección del patronato? Su teología básicamente creía que su religión era la verdadera y la de los indios era diabólica. Según José de Acosta,

---

12 Marzal, *Tierra encantada*, 269.
13 Marzal, 268.
14 Bouysse-Cassagne, *La identidad aimara*, 217.

el teólogo que presentó la muy influyente *De Procuranda Indorum Salute* en el Tercer Concilio de Lima (1588) afirmó que la religión de los indios era diabólica y que cualquier similitud con la religión católica era la parodia del mal.[15]

¿Qué indios son estos?

Los abusos practicados por los españoles dieron origen a las rebeliones indígenas. El movimiento pionero aimara por la independencia fue dirigido por Tomás Katari el año 1781, en el norte de Potosí y se expandió hasta la lejana capital del virreinato del Río de la Plata, Buenos Aires. Esta rebelión aimara en contra del maltrato recibido por los españoles no prosperó debido a errores tácticos y a deslealtades. La rebelión aimara más representativa y genuina fue liderada por Túpac Katari (Julián Apaza, 1750-1781) y se basó en el liderazgo horizontal de los aimaras. Las decisiones fueron hechas en consulta con el Consejo de Mallkus. Los aimaras no aceptaron el liderazgo quechua de Túpac Amaru porque no estaban de acuerdo con las imposiciones verticales.[16] Esta es otra indicación de que los procesos de decisión aimaras son horizontales, no verticales. En la familia y a nivel comunal las decisiones acerca de asuntos sociales, religiosos, económicos y políticos se realiza de forma comunitaria.

La historia oficial escrita por autores católicos de la élite ha ignorado las visiones de Amaru y Katari acerca de la identidad y el destino que los nativos andinos querían darle al continente. Treinta años después de la derrota de Túpac Amaru y Katari, los aimaras veían las guerras de la independencia con desconfianza. Ni los pueblos quechuas ni los aimaras aceptaron la independencia ofrecida por los criollos como una alternativa justa válida y positiva para ellos.

Los aimaras en el tiempo de la República

La era de la República significó para los aimaras solamente un cambio de patrón; los criollos y algunos mestizos católico-romanos reemplazaron

---

[15] Marzal, *Tierra encantada*, 269.
[16] Llanque, *La cultura aimara*, 33.

a los españoles. El poder político fue otorgado a las autoridades criollas y terratenientes y que vivían cerca de los pueblos. Los indígenas continuaron siendo esclavos y sus tierras arrebatadas; se prescribieron toda clase de leyes para legitimar estos actos. Sin embargo, los aimaras nunca se consideraron a sí mismos conquistados. Según Cárdenas, se vieron como «oprimidos, pero no vencidos».[17] Con el pasar del tiempo, las revoluciones aimaras se alzaron en contra de los abusos practicados por los gobiernos y los terratenientes.

Durante la guerra del Chaco (1932-35), los aimaras y quechuas lucharon lado a lado en batalla y, como nunca, crearon un sentido de ser el cimiento de la nación boliviana. Durante esta guerra, surgió un movimiento sindicalizado formado por trabajadores, artesanos y mineros de origen aimara y quechua. Estos sindicatos se organizaron a la manera nativa y lucharon por justicia y trabajo, por reformas que beneficiaran a los aimaras y quechuas. Los quechuas fueron los primeros en organizarse y establecer sus propias escuelas; esto aún no sucedía en las regiones aimaras porque los terratenientes eran más recelosos y fuertes.

Este movimiento sindicalizado terminó con la sangrienta revolución de 1952, después de lograr la aprobación de las leyes que abolían la esclavitud en todas sus formas, las leyes españolas respecto al «pongueaje» y la «mita» llegaron a su fin en el congreso nacional convocado por el presidente Gualberto Villarroel (1908-46). Después de las elecciones realizadas en 1951 y cuyo ganador fue el partido popular Movimiento Nacionalista Revolucionario (MNR), la revolución nacional aprueba la Reforma Agraria. Se logra expulsar a los terratenientes de muchas de las tierras, no de todas, que usurparon a los agricultores campesinos indígenas.

Aunque con sus limitaciones, este período marca el surgimiento de un movimiento aimara que lucha por sus derechos, a pesar de sus condiciones en desventaja. Desde aquel tiempo, este movimiento ha ido creciendo y se ha convertido en una fuerte alternativa en términos políticos, sociales, lingüísticos y culturales.

---

[17] Cárdenas, *La lucha de un pueblo*, 495.

Los evangélicos aimaras y el pentecostalismo

El arribo de los misioneros protestantes

Los trabajos de investigación mencionan por primera vez la presencia de protestantes en territorio boliviano durante la guerra de independencia en agosto de 1825. Arias afirma que los primeros protestantes en pisar territorio boliviano fueron posiblemente miembros del ejército británico que apoyaban al libertador Simón Bolívar en la liberación del Alto Perú.[18] No existe evidencia de que estos oficiales europeos del ejército hayan intentado hacer prosélitos de los aimaras bolivianos o de algún otro en Bolivia.

Sin embargo, es posible que los aimaras hayan tenido contacto con cristianos protestantes antes de la era republicana. Poco se sabe con exactitud, pero algunos europeos de países protestantes como Alemania e Irlanda (Crespo 1978) vinieron a Bolivia a explotar las minas, la agricultura y la industria antes de la independencia, con la aprobación y autorización de los españoles.[19] Estos migrantes prósperos, la mayoría de trasfondo protestante, no hubieran podido llevar adelante sus empresas sin recurrir a la mano de obra de los indígenas, lo cual nos lleva a anticipar el intercambio entre la religión de los inmigrantes europeos y las creencias de los aimaras y quechuas antes del siglo XIX.

Existe, sin embargo, evidencia considerable acerca del primer protestante, que hizo una contribución significativa a la educación y a la traducción y distribución de la Biblia en Latinoamérica, el escocés James Thomson (1788-1854). Era oficial de ejército que colaboraba en la implementación del sistema educativo lancasteriano[20] en

---

[18] Dussel y otros, *Historia General de la Iglesia en América Latina*, 260. El territorio andino-amazónico conocido por Alto Perú, después de su liberación en 1825 fue denominado República Bolívar en memoria del libertador (de Mesa y otros, 1997: 321). Un año después, este nombre fue cambiado por Bolivia.

[19] Crespo, *Alemanes en Bolivia*.

[20] Sistema educativo muy influyente en el mundo occidental en la primera mitad del siglo XIX. Creado por el pastor anglicano Andrew Bell en 1797 y ampliado por el inglés Joseph Lancaster, este sistema consistía en un profesor que enseñaba a un grupo de estudiantes o a toda la escuela recurriendo a pocos materiales, donde la Biblia era el libro de texto.

las recientemente fundadas repúblicas de Argentina, Chile, Perú y Venezuela.[21] Era también representante de la Sociedad Bíblica Británica y, como tal, promotor de la traducción de la Biblia y de su lectura en los idiomas nativos. Se cree que, después de una entrevista con el libertador Simón Bolívar, antes de la batalla de Junín, decidió visitar Bolivia.

Pasos Kanki era un conocido pensador y escritor aimara que nació cerca de Sorata, en la comunidad de Santa María de Ananea en 1779 y murió en 1852. Fue testigo de las revoluciones indígenas en contra del Imperio español y de los movimientos revolucionarios por la independencia. En 1805, fue ordenado sacerdote en Chuquisaca, el centro universitario intelectual más famoso en América del Sur que fue comparado, en ese tiempo, con la universidad de Oxford en Inglaterra. Sus ideas liberales y su sed por justicia lo llevaron a formar parte del movimiento independentista en La Paz en 1808-1809. Temiendo por su vida, Pasos Kanki se mudó a Buenos Aires, Argentina en 1810, dejó el sacerdocio para trabajar como periodista.[22] Llegó a ser muy famoso en Buenos Aires a través de las columnas que escribía como director del periódico *La Gazeta* y *El Censor*.[23]

Por su participación en movimientos políticos a favor de la libertad y la independencia, Pasos Kanki fue perseguido, arrestado y exiliado. Mientras vivía en el exilio político en Londres en 1826, se encontró con James Thomson cuando viajaba en un transporte público de Londres y de allí lograron desarrollar una amistad fructífera.[24] Thomson persuadió a Pasos Kanki, en nombre de la Sociedad Bíblica Británica y Extranjera, a que traduzca la Biblia al idioma aimara, que en aquel tiempo lo hablaban un millón de nativos que vivían a las orillas del Lago Titicaca. Se tradujo primero el evangelio de Lucas directo de la Vulgata y la primera edición de este importante trabajo fue publicada en Londres en 1829. La traducción hecha por el intelectual aimara sirvió como base fundamental para la versión de la Biblia aimara ahora publicada por la Sociedad Bíblica Boliviana. El mariscal Andrés

---

21 Canclini, *Diego Thomson*, 21-24.
22 Bowman, *Vicente Pasos Kanki*, 27-42.
23 Dussel y otros, *Historia General de la Iglesia en América Latina*, 260.
24 Canclini, 89.

de Santa Cruz nombró a Pasos Kanki cónsul general de Bolivia en Inglaterra en 1836.[25]

El primer intento de establecer un trabajo protestante permanente en la recién fundada república de Bolivia no tuvo éxito. En 1846, un oficial de la Real Armada Británica, el capitán Allen F. Gardiner (1794-1851) fue el primer misionero anglicano en Sudamérica.[26] Quería comenzar una misión en Potosí y el presidente Ballivián le autorizó a trabajar entre los pueblos indígenas no católicos del norte de Potosí, enseñándoles la fe protestante y a mejorar sus condiciones de vida. Cuando Gardiner volvió en 1848, el nuevo presidente José Miguel de Velasco rehusó honrar los acuerdos que su predecesor Ballivián había hecho con el misionero inglés. Gardiner fue obligado a dejar Bolivia y se marchó a la Patagonia, dónde murió de hambre en 1851 junto a 5 otros misioneros. De esta manera, se convirtió en la semilla para el trabajo misionero anglicano, no sólo con indígenas, sino también por toda Sudamérica por medio de la Sociedad Misionera Sudamericana (SAMS).

Un siglo de consolidación

Allá por la mitad del siglo XIX, había misiones protestantes en cada país sudamericano excepto en Bolivia y Ecuador. Mientras que en Brasil ya había 116 misioneros protestantes y en Argentina 112, en Bolivia no había ninguno. Los hermanos libres y los bautistas llegaron al final de ese siglo. William Payne, de la iglesia Hermanos Libres de Irlanda arribó para un viaje de exploración en 1895. Primero visitó Sucre, capital del país, donde el receloso obispo católico le arrebató su última caja de Biblias protestantes. En 1896, Archibaldo Reekie, bautista canadiense, hizo un viaje corto para visitar La Paz y después volvió a Bolivia en 1898, para quedarse a vivir en Oruro.

Otra marca importante en la historia del protestantismo en Bolivia fue la Reforma Agraria a pequeña escala en una comunidad aimara llamada Huatajata a orillas del Lago Titicaca. Desde 1936 a 1941 los bautistas dieron títulos de propiedad a los aimaras nativos, inclusive a quienes no eran protestantes, doce años antes de que el gobierno

---

[25] Bowman, 218.
[26] Deiros, *Historia del cristianismo*, 669-670.

decretase la Reforma Agraria en todo el país. Los bautistas compraron la hacienda Huatajata con sus 48 familias y 275 sirvientes, gracias a fondos donados por el italiano estadounidense Antonio Chirioto. Luego, donaron la tierra, convirtiendo a las familias en sus propietarios legales en un tiempo en que los aimaras de esta región vivían como esclavos,[27] y donde no tenían documentos de propiedad de las tierras que eran suyas por siglos. Personas que fueron testigos de estos eventos comentan todavía hoy que Víctor Paz Estensoro y Hernán Siles Suazo, los dos dirigentes principales de la revolución de 1952 y que luego fueron presidentes del país, recibieron inspiración del ejemplo de los bautistas en Huatajata.

El exvicepresidente del período 1993-97, Víctor Hugo Cárdenas, fue el primer aimara que ocupó tan alta posición en el gobierno.[28] Su esposa Lilia Katari y él nacieron en la región de Huatajata y fueron parte de la tradición de la iglesia bautista que valoró el contexto aimara, sirviendo en la agricultura, educación y salud.[29]

Los metodistas llegaron después de los hermanos kibres y los bautistas y más tarde la Misión Andina Evangélica, que promovió la traducción del Nuevo Testamento al quechua[30] y fundó la denominación llamada UCE (Unión Cristiana Evangélica). Los adventistas fueron los últimos en llegar durante este primer período misionero.

En los archivos de las iglesias pioneras, la lista de los primeros convertidos y bautizados, las fotografías de eventos regionales y nacionales, los testimonios, las actas, etc., muestran la presencia y participación masiva de aimaras en iglesias de La Paz, Oruro y Potosí. Los escritos de Goytia (1985) y Zúñiga (1995)[31] destacan el trabajo llevado a cabo por misioneros extranjeros solitarios, indicando que la gran conquista del trabajo de los evangélicos cristianos en Bolivia se atribuye principalmente a estos extranjeros. Pero, sus propios libros muestran el trabajo masivo y activo de los bolivianos, en particular de los creyentes indígenas.

---

27 Nacho, *Historia Bautista*, 89

28 Mesa Gisbert, *Historia de Bolivia*, 703

29 Comisión Conferencia Misioneros Bautistas en Bolivia, *El cincuentenario de la Misión Bautista Canadiense*,15.

30 Allan Hudspith, *Ripening Fruit*, 48.

31 Goytia, *Principio de la obra evangélica en Bolivia*, 1985. Zúñiga, *La gran conquista*, 1995.

En Bolivia, la Biblia escrita en idiomas nativos ha sido y continúa siendo una herramienta útil para enseñar a leer y escribir a sectores excluidos de la población y para ampliar su interés en el cristianismo. De hecho, no han sido las Escrituras o el evangelio en sí los que han sido un gran obstáculo para los indígenas y para su relación con los cristianos evangélicos, sino el «ropaje» cultural importado e impuesto por los misioneros. Estos, ya sea consciente o inconscientemente, hicieron implantes ideológicos y culturales del Occidente dentro de sus proyectos al usar el idioma español en lugar del aimara o el quechua. Esta influencia puede comprobarse también en los estilos de las construcciones de las iglesias, en la liturgia, las vestimentas y los instrumentos musicales, que reflejan una manera de vivir importada en lugar de reflejar un respeto y consideración por las costumbres y tradiciones indígenas.

Pentecostales tradicionales

Durante estos primeros cincuenta años de existencia, el progreso alcanzado por la iglesia protestante fue lento y superficial. En 1946, los misioneros de las Asambleas de Dios llegaron para introducir su versión del pentecostalismo, que fue plantada por primera vez en América del Sur en Valparaíso, Chile y en São Paulo, Brasil. Esta forma de pentecostalismo protestante tuvo atractivo para amplios sectores de la población en Chile y Brasil, mientras que en Bolivia, la iglesia protestante era una minoría compuesta principalmente por congregaciones de indígenas.[32] Lo que las Asambleas de Dios, junto con otras denominaciones pentecostales pioneras plantadas por la Misión Sueca Libre y la Iglesia del Evangelio Cuadrangular,[33] lograron fue atraer a más indígenas convertidos, construyeron muchas iglesias y comunicaron un procedimiento que era menos occidentalizado, con mayor arraigo en la gente del lugar y más democrático, pero no lograron llegar al corazón y el alma de los indígenas bolivianos.[34]

Debo mencionar aquí que, aunque Darío López concluye que el pentecostalismo latinoamericano atrajo a los más pobres, mientras

---

[32] Míguez Bonino, *Protestantismo latinoamericano*, 57.
[33] Riviere, *Bolivia: el pentecostalismo*, 262.
[34] Riviere, 259-294.

que el neopentecostalismo llega a las clases medias,[35] este no es el caso en Bolivia dónde, como en América Central, la iglesia neopentecostal está conformada por los pobres, lo cual es comúnmente sinónimo de ser indígena. Por otro lado, los miembros de las iglesias pentecostales tradicionales son tanto indígenas como población de clase media. Otra inexactitud parecida ha sido hecha por estudios del pentecostalismo chileno y brasileño a inicios del siglo xx, estos llegan a la conclusión general de que la iglesia pentecostal abrió las puertas mayormente a las masas.[36] Los neopentecostales bolivianos, que son herederos directos del pentecostalismo tradicional, han caminado un largo trecho para hacer posible que el evangelio, en su versión no católica, alcance a los pobres y pueblos indígenas andinos.

Trasfondo histórico del neopentecostalismo y la Iglesia Poder de Dios

A lo largo de su historia, los pentecostales han basado su origen en el evento descrito en el Nuevo Testamento, en los Hechos de los Apóstoles.[37] Este libro escrito por el médico griego Lucas, cuenta la historia de los inicios de la iglesia cristiana primitiva. Sin embargo, muchos teólogos de nuestros días concuerdan de que un título más adecuado para este libro sería los «Hechos del Espíritu Santo» porque cuenta la manera sobrenatural en que el Espíritu Santo vino sobre los ciento veinte discípulos de Jesucristo en Jerusalén, en el día de Pentecostés. Hubo libertad y espontaneidad cuando los dones del Espíritu se manifestaron al hablar nuevas lenguas, en las profecías y las sanidades (Hch 2.1-4).

Los dones o los carismas dados por el Espíritu Santo fueron comunes en la iglesia primitiva. Su presencia se describe principalmente en el libro de Hechos, si bien aparecen algunas referencias en las epístolas del Nuevo Testamento. A lo largo de la historia del cristianismo, el contexto, las formas del culto y la misión inevitablemente han cambiado, pero el fenómeno sobrenatural se ha repetido en diferentes épocas.

---

35 López, *El nuevo rostro del protestantismo latinoamericano*, 2002; *La fiesta del Espíritu: espiritualidad y celebración pentecostal*, 2006.

36 Willems, *Followers of the New Faith*, 1967; D'Epinay, *El refugio de las masas*, 1968.

37 Romeiro, *Decepcionados com a graça*, 21-23.

Después del período de la iglesia primitiva, Montano dirigió el primer movimiento que intentó restaurar la práctica de los dones espirituales en el siglo II. El padre de la iglesia, Tertuliano, es tal vez el teólogo montanista más conocido. Muchas de las iglesias de los padres recibieron los dones del Espíritu y ninguno de ellos afirmó que los dones del Espíritu fueran sólo para un período limitado de la historia. Después de que la iglesia oficial rechazara a los montanistas, la iglesia de Occidente comenzó a predicar que los dones carismáticos fueron solamente dados para los tiempos bíblicos. Allá por el año 1000 d.C., la Iglesia católica romana llegó al extremo de afirmar que los dones del Espíritu Santo eran manifestaciones de demonios. Sin embargo, el cristianismo oriental, parte de la Iglesia ortodoxa, continuaba creyendo en los dones del Espíritu y los practicaba en sus monasterios en la Edad Media. Con la excepción de los anabautistas, la Reforma protestante del siglo XVI menospreció los dones espirituales, porque dirigentes como Lutero y Calvino creían que no eran importantes para sus tiempos. El argumento racionalista que usaron fue que los milagros ya no eran necesarios porque la ciencia estaba avanzando. Más tarde, experiencias carismáticas protestantes fueron reportadas en Alemania, Francia. Inglaterra y Escocia.[38]

El pentecostalismo contemporáneo viene del siglo XVIII. Sus raíces se ubican en el pietismo moravo y en el movimiento de santidad wesleyano. La devoción contemplativa de la cruz de Cristo, el estudio personal y literal de la Biblia y la negación de los placeres del mundo fueron las marcas de aquellos misioneros moravos y estos fueron los que influyeron en la vida de Juan Wesley, llevándolo a una segunda conversión en 1738. Esta fue la llama que resultó en el avivamiento metodista. Varios otros movimientos carismáticos en Norteamérica y Europa afectaron al pentecostalismo, aunque el más decisivo fue el avivamiento wesleyano con su énfasis en lo que se llegó a conocer como la segunda bendición, llenarse de poder o el bautismo del Espíritu Santo.[39]

El movimiento pentecostal, como se le conoce el día de hoy, tiene una variedad de orígenes. No se le debe atribuir, como se lo ha venido

---

[38] Anderson, *An introduction to Pentecostalism*, 19-25.
[39] Romeiro, *Decepcionados com a graça*, 27-31.

haciendo, un origen único en los Estados Unidos. Las fuentes primarias de información de donde sea que vengan son parciales y limitadas. Otra documentación existente muestra a varios avivamientos simultáneos en los siglos xix y xx. Desde sus inicios, el pentecostalismo fue un movimiento que estuvo en diferentes partes del mundo, y no sólo en los Estados Unidos. Aunque no siempre se reconoce la contribución de los predicadores nativos pentecostales de Latinoamérica, Asia y África, esta ha sido tan importante como la contribución de los misioneros occidentales.[40]

El avivamiento que tuvo su inicio entre afroamericanos en abril de 1906, dirigido por el pastor negro William J. Seymour (1870-1922), en un edificio viejo de la calle Azuza 312 de la ciudad de Los Ángeles, en la Iglesia metodista pentecostal de California, se ha convertido en leyenda de la historia del pentecostalismo. La calle Azuza ha sido considerada la «Jerusalén» o la «Meca» pentecostal.[41] No obstante, sin desmerecer lo que aconteció en la calle Azuza, que fue un movimiento diverso, con la magnitud y el impacto de los pentecostales no puede sostenerse en leyendas hechas en Norteamérica o en otros lugares aislados. Como dijo Everet Wilson: «El pentecostalismo no puede convertirse en posesión de ningún sector ni de grupo en particular, tampoco puede tener un solo origen, porque existen varios orígenes».[42]

Veamos más de cerca los orígenes del pentecostalismo en América Latina. En la actualidad, es el continente más pentecostal del mundo, con 141 millones de afiliados, incluido el movimiento neopentecostal.[43] Freston sugiere que 60 millones son un dato más realista de los evangélicos, de los cuales dos tercios son pentecostales y neopentecostales.[44] Chile podría ser considerado el lugar del nacimiento del pentecostalismo latinoamericano. En la iglesia metodista más grande de Valparaíso, el pastor Willis C. Hoover (1858-1936) junto con su esposa, tuvieron una experiencia pentecostal en 1907. Los Hoover fueron influidos por el avivamiento en un orfanato para mujeres jóvenes, dirigido por Pandita Ramabai en Pune, India, el cual comenzó

---

40 Anderson, *An Introduction to Pentecostalism*, 166-170.
41 Anderson, 171; Nichol, *Pentecostalismo*, 34.
42 Wilson, *They crossed the Red Sea, didn't they?*, 107.
43 Barret and Johnson, *World Christian Trends*, 287.
44 Freston, *Latin America: The «Other Christendom»*, 571-594.

en 1905. Se habían enterado, por medio de colegas metodistas, acerca de avivamientos similares que sucedían en otras partes del mundo, como en Venezuela y Noruega. Por ello, alentaron a la iglesia que dirigían a que oren por un avivamiento del Espíritu Santo.

En abril de 1909, tuvieron manifestaciones carismáticas como hablar en lenguas, ver visiones, risa incontrolable y llanto, caídas en el suelo seguidos de predicación intensa en las calles. Los líderes metodistas locales, las autoridades civiles y la prensa reaccionó en contra del avivamiento. Aquellos que habían sido bautizados por el Espíritu Santo fueron expulsados de la Iglesia Metodista Episcopal, estos también quisieron enviar a los Hoover de regreso a los Estados Unidos durante un año como medida preventiva. Sin embargo, los miembros chilenos de la iglesia persuadieron a los Hoover a que fundasen una nueva iglesia. Así nació la Iglesia Metodista Pentecostal; hoy en día es la denominación más grande de Chile.[45] El chileno Manuel Umana Salinas comenzó a pastorear esta iglesia en 1911, convirtiéndose en su principal dirigente después de Willis Hoover. Es importante destacar que este movimiento fue completamente autóctono, no tuvo ninguna conexión con el movimiento pentecostal norteamericano. Desde un principio, fue diferente a todas las otras denominaciones pentecostales chilenas, tuvo su propia identidad, la que Deiros describe de la siguiente manera:

> El pentecostalismo chileno autóctono se caracterizó por largos períodos de líderes muy populares. Hoover mismo pastoreó su congregación por más de un cuarto de siglo. Este pentecostalismo también se distinguió por ser heredero de un liderazgo autoritario como en la Iglesia Episcopal Metodista, una amplia participación de los laicos, autonomía en los manejos de los asuntos de la iglesia, la actitud populista heredada del catolicismo y una extraordinaria motivación para la evangelización de las masas.[46]

En Argentina la historia fue diferente. El pentecostalismo surgió en una comunidad de inmigrantes, donde se quedó por varios años. Millones

---

45 Anderson, *An Introduction to Pentecostalism*, 64-67.
46 Deiros, *Historia del cristianismo*, 752.

de inmigrantes llegaron a Argentina durante la primera parte del siglo xx. La mayoría era europea y muchos de ellos eran protestantes. En 1909, el noruego Berger Johnson, la canadiense Alice Wood y el italiano estadounidense Luigi Francescon (1866-1964) fueron los principales pioneros que trabajaron en diferentes partes de Argentina. Más tarde, misioneros suecos de la Misión Sueca Libre fundaron una obra ligada a las Asambleas de Dios de los Estados Unidos.

Al comparar el pentecostalismo chileno con el argentino, Martin muestra el carácter social de ambos en sus cimientos:

> En tanto el pentecostalismo en Argentina refleja ampliamente características culturales importadas por migrantes de países protestantes, en el pentecostalismo de Chile es el resultado de una evangelización hecha por gente de la clase trabajadora chilena en medio de su propia clase. Ellos se reunían en este ambiente de las grandes ciudades.[47]

La versión pentecostal del protestantismo brasileño comenzó con misioneros laicos de origen italiano y sueco procedentes de Chicago. Los dos grupos iniciaron su ministerio en 1910 en iglesias presbiterianas y bautistas ya establecidas, de donde posteriormente fueron expulsados. Después de un tiempo en Buenos Aires, Luigi Francescon se marchó a São Paulo acompañado de Giacomo Lombardi y Lucia Ore. Hizo contacto primero con creyentes presbiterianos, ya que era fundador de la primera iglesia presbiteriana de Chicago. Las experiencias carismáticas que tuvieron fueron rechazadas por los dirigentes de la Iglesia Presbiteriana de Brasil, cuyo resultado dio origen a la Congregación Cristiana de Brasil, la cual al inicio trabajó exclusivamente entre italianos, pero en 1930 se abrió a los brasileños, llegando a tener un crecimiento extraordinario.

Aquel mismo año, en el lejano norte de Brasil, Daniel Berg y Gunnar Vingren, ambos suecos de un contexto bautista de Chicago, fueron recibidos por una iglesia bautista de Belén de Pará, pero fueron rápidamente rechazados debido a sus doctrinas y prácticas pentecostales. Dejaron la iglesia bautista acompañados de un grupo pequeño de creyentes brasileños y fundaron la Misión Apostólica

---

[47] Martin, *Tongues of Fire*, 76.

de Fe en 1911, que más tarde llegó a ser las Asambleas de Dios, la denominación pentecostal más grande de Brasil, de Latinoamérica y tal vez del mundo.[48] Anderson nos ofrece un retrato social-étnico de esta iglesia en sus inicios:

> La iglesia se considera a sí misma independiente dentro de la comunión de iglesias de las Asambleas de Dios (AD) del mundo. Los miembros son reclutados inicialmente de los estratos más bajos de la sociedad, el pentecostalismo atrae a negros, a mezclados racialmente y a amerindios brasileños. Los mulatos (mezcla de raza africana y europea) son todavía la mayoría en las AD – y hay más brasileros negros en iglesias pentecostales que en cualquier otra denominación.[49]

Míguez Bonino escribió acerca del comienzo de la expresión pentecostal del protestantismo latinoamericano en respuesta a una crítica hecha por el pensador peruano Mariátegui:

> Lo que el escritor peruano no podría adivinar era que, veinte años antes, en un puerto chileno, y dos años después en la creciente ciudad de São Paulo, un protestantismo había comenzado a aparecer justo cuando él escribió acerca de la barrera que impedía al protestantismo acceder a las masas populares.[50]

Desde su nacimiento, la división en nuevas iglesias ha marcado la versión pentecostal de la iglesia evangélica en América Latina, esto es lo que se vio en la experiencia chilena, argentina y brasileña. Este fenómeno socio-religioso se ha reproducido y multiplicado, algunas veces de formas inesperadas, pero la mayoría de las divisiones fueron causadas por el caudillismo y el nepotismo latino. Otras características del pentecostalismo primitivo fueron: miembros pertenecientes a sectores pobres, exclusivismo doctrinal, fundamentalismo espiritual, énfasis en la experiencia emocional y un rechazo severo al uso del intelecto.

---

48 Romeiro, *Decepcionados com a graça.* 37-39.
49 Anderson, *An Introduction to Pentecostalism*, 72.
50 Bonino, *Rostros del protestantismo latinoamericano*, 57.

La historia en Bolivia fue parecida, Gustav Flood y su esposa fueron misioneros de la Misión Sueca Libre,[51] llegaron a Santa Cruz de la Sierra en 1922. Quizá es a ellos a quienes se deba atribuir el establecimiento del pentecostalismo en Bolivia. La guerra del Chaco interrumpió su trabajo, pero su trabajo se reanudó en los años cincuenta, donde varias iglesias fueron establecidas en Villamontes, Cochabamba y La Paz.

El segundo grupo de misioneros pentecostales fue de la Iglesia del Evangelio Cuadrangular, que en 1930 llegó a Trinidad, capital del departamento de Beni y marcó el inicio del ministerio de Tom Anderson. Más tarde, en 1946, misioneros de los Estados Unidos dirigidos por Nicodemus Hale, comenzaron las Asambleas de Dios, extendiéndose por La Paz, Cochabamba y Santa Cruz. Esta denominación creció numéricamente más que cualquier otra y exhibió su identidad pentecostal con las manifestaciones del Espíritu Santo, tales como hablar en lenguas, sanidades y reuniones con constantes manifestaciones emocionales.[52]

Julio Cesar Ruibal, el avivamiento neopentecostal en Bolivia

El avivamiento que dio inicio a los neopentecostales en Bolivia no tuvo una relación directa con el pentecostalismo clásico. Mientras que las raíces del pentecostalismo se remontan a los misioneros norteamericanos y europeos, el movimiento neopentecostal comenzó casi independientemente. Si bien es cierto que algunas iglesias de las Asambleas de Dios en Cochabamba y La Paz habían experimentado un despertar espiritual, avivamiento por el que estuvieron orando desde 1970.[53] Cuando los neopentecostales describen su historia, todos ellos señalan un único evento: el avivamiento en 1972-73 liderado por el joven boliviano Julio César Ruibal, que no estaba vinculado a ninguna iglesia pentecostal ni evangélica.

Al inicio de 1972, Julio César Ruibal estudiaba medicina en Pasadena, California, Estados Unidos. Había sido católico practicante

---

51 Anderson, *Spreading Fires*, 199-200.
52 Dussel y otros, *Historia General de la Iglesia*, 408.
53 De Calderón, *Porque el Señor así lo prometió*, ix-x.

desde su niñez y su juventud estuvo marcada por su búsqueda de lo místico en las religiones orientales. En Los Ángeles, cuando enseñaba yoga y ocultismo a un grupo de jóvenes hippies, fue invitado al auditorio *Shrine* donde vio milagros de sanidad y escuchó predicar a Kathryn Kuhlman (1907-1976).

Kuhlman fue una evangelista influida por el movimiento de la «Lluvia tardía», que se formó el 1948 cuando varias denominaciones pentecostales se unieron para exigir una renovación del pentecostalismo clásico. Algunos consideran a Kuhlman la mujer evangelista más conocida en el mundo. Comenzó su ministerio a la edad de dieciséis años, tuvo algunos contratiempos y recibió críticas, especialmente cuando se casó con un hombre que se divorció de su primera mujer para casarse con ella. Kuhlman sabía cómo usar bien los medios de comunicación masiva, predicó primero en la radio y luego en televisión. Se hizo famosa y miles de personas asistían a sus reuniones en los Estados Unidos. Entre sus seguidores se contaban John Arnott, que comenzó el avivamiento conocido como «la bendición de Toronto» y Benny Hinn, otro evangelista estadounidense famoso. El ministerio de Kuhlman enfatizaba la sanidad, la llenura del Espíritu y la predicación dramatizada.[54] Organizaba con detalle cada una de sus reuniones, usaba ropas, joyas, hoteles y vehículos de lujo.[55] Como predicadora renombrada, promovió el ministerio de la mujer dentro de las iglesias pentecostales y neopentecostales.[56]

Fue en una de las multitudinarias reuniones en California que el joven Julio Cesar Ruibal se entregó a Jesucristo. A la edad de dieciocho años dio un vuelco dramático y después de un proceso intenso de liberación, en el cual experimentó al Espíritu Santo, Ruibal dejó el ocultismo y habló a sus estudiantes de yoga acerca de Jesús, poco antes

---

54 Wilson, *Kathryn Kuhlman (1907-1976)*, 826.

55 Buckingham, *Daughter of Destiny: Kathryn Kuhlman*, 47.

56 Anderson, *An Introduction to Pentecostalism*. Algunos autores vinculan a Kuhlman con el comienzo del movimiento de la Nueva Era (Duncan, 2007; Chambers, 2008). Algunos dicen que ella se apoyó en los fundamentos de los movimientos que unen a las religiones como parte de su búsqueda personal de una sola religión mundial. Combina el cristianismo, el espiritismo y la psicología moderna con el capitalismo extremo. Practicó yoga, compartió comunión pública con católicos, llegó a tener una reunión privada con el papa Paulo VI y siempre disponía las filas de adelante en sus reuniones para los sacerdotes y monjas católicas.

de abandonar sus estudios. En marzo de 1972, unas pocas semanas después de su conversión, Ruibal y algunos otros no pudieron ingresar a una de las reuniones de Kathryn Kuhlman. Entonces, se paró frente a las puertas cerradas y predicó sobre Jesús y oró por los enfermos quienes, según los reportajes, fueron milagrosamente sanados. Abandonó la carrera de medicina y comenzó un entrenamiento misionero en Canadá y luego, con un grupo de católicos carismáticos en los Estados Unidos, antes de retornar a Bolivia.[57]

Julio César Ruibal regresó a La Paz en agosto de 1972, a la edad de diecinueve años con una visión de iniciar un avivamiento similar a los que ya habían estado sucediendo en otras partes de América Latina. Con Ruibal comenzó un movimiento en Bolivia que podría ser llamado un movimiento popular del Espíritu Santo, porque sus dirigentes no tenían títulos académicos en teología o largos períodos de entrenamiento espiritual. Las personas laicas que dirigieron esta renovación eran jóvenes bolivianos que tenían un deseo apasionado de conocer la Biblia y darla a conocer a los demás. Rechazado por su familia, Ruibal se fue a vivir con amigos y sus seguidores eran parientes, viejos amigos de la escuela y vecinos. Los miembros de una famosa y temida padilla callejera conocida como «los marqueses» fueron los primeros jóvenes convertidos en el ministerio de Ruibal.[58] Buscó apoyo de la iglesia luterana, que le fue negada.

Durante ese tiempo, Bolivia estaba gobernada por una dictadura militar de derecha de muchos años, dirigida por el general Hugo Banzer Suárez. Las leyes y la constitución política boliviana no se respetaban. Las universidades estatales se cerraron y fue prohibida toda actividad política y sindical.

La dictadura militar jugó un papel importante en el surgimiento del neopentecostalismo. Fue la manera de desviar la atención de la población de los actos ilegales y la corrupción de parte del gobierno. Banzer ordenó que guardias del ejército protegieran a Ruibal y que le dieran horarios privilegiados en las transmisiones de radio y televisión del Estado. El gobierno facilitó contactos con los gobernadores regionales para organizar predicaciones, y aun hizo

---

[57] De Calderón, *Porque el Señor así lo prometió*, 3-13.
[58] De Calderón, 15.

posible que un avión de la fuerza aérea estuviera disponible para su uso.[59]

Acompañado por un grupo de seguidores jóvenes, Julio César organizó campañas de predicación y sanidad en las principales ciudades de Bolivia, La Paz, Oruro, Cochabamba y Santa Cruz. Miles de personas se reunieron en cines, coliseos, plazas, parques, estadios de fútbol y en cerros. Muletas, bastones e instrumentos ortopédicos fueron desechados debido a las oraciones, sanidades y milagros. Este período único de avivamiento duró entre agosto de 1972 a febrero de 1973. Su última reunión la realizó en La Paz el 21 de enero de 1973, en el estadio Hernando Siles de La Paz, que reunió a 40,000 personas dentro y a 20,000 fuera del estadio. Ruibal predicó y oró por sanidades con ambos grupos.[60]

Estos eventos fueron cubiertos extensamente por la prensa internacional. La Sociedad Bíblica Boliviana agotó todas sus Biblias y tuvo que urgentemente hacer un pedido de 33,000 Biblias más de países vecinos. Además, Nuevos Testamentos y panfletos fueron ampliamente distribuidos en aquel tiempo. Gente de todas las clases sociales fueron a escuchar a Ruibal y fueron testigos de los milagros que ocurrían cuando él predicaba. Muchos de los que asistieron venían de las áreas rurales y con bastante dificultad entendían la predicción en español.[61] Recibió y aceptó invitaciones para ir a Perú, Ecuador, Brasil, Paraguay y Colombia. Sin embargo, los grupos de jóvenes permanecieron en Bolivia, en La Paz, Cochabamba y Santa Cruz para continuar con las reuniones y la predicación. Estos grupos al final formaron un movimiento con algunas características de la tradición pentecostal importada, pero fueron congregaciones e iglesias con una nueva y más autóctona identidad, con dirigentes, recursos, estructuras y organización nacionales. Este fue el inicio del neopentecostalismo boliviano.

Este despertamiento espiritual llegó a su fin en febrero en Bolivia y en noviembre de 1973 en Bogotá, Colombia, cuando Ruibal atravesó por un cambio radical en su vida, pese a haber recibido una invitación para

---

[59] Ruibal, *Ungido para la cosecha del tiempo final*, 27, 33, 35.
[60] de Calderón, 63-70.
[61] Ruibal, *Ungido para la cosecha del tiempo final*, 39.

que predique junto a Kathryn Kuhlman en una campaña evangelística en Jerusalén, Israel.[62] El joven predicador decidió pasar un mes con una comunidad de cristianos exclusivistas y legalistas que vivían en una finca de campo cerca de Bogotá, capital de Colombia. Fue en 1973, en aquella comunidad que conoció a su esposa estadounidense Ruth Johnson. Así que, como resultado de su contacto con este grupo en 1973, Ruibal se cortó el cabello y dejó de vestir el paletó blanco que siempre usaba cuando predicaba.

Cuando retorna a Bolivia, ya era otra persona, convencido de su legalismo, comportándose con un excesivo énfasis en reglas y demandando de su ya disminuido grupo de jóvenes convertidos que observen y sigan su adherencia excesiva a formas de vestir tradicionales. A los jóvenes hombres les dijo que se cortasen el cabello y que vistiesen de manera sencilla, mientras que las mujeres debían dejarse el cabello largo, peinado y amarrado hacia atrás y debían llevar falda o vestido. Volvió a reunirse en lugares públicos pero sin el impacto y el poder que se vio en el avivamiento anterior. El nuevo grupo, a su vez, se dividió en tres subgrupos: aquellos que fielmente observaban el legalismo impuesto por Ruibal, los que eran infieles y aquellos que volvieron a su manera de vivir anterior.[63] En febrero de 1974, Ruibal y un grupo selecto de jóvenes que habían aceptado sus estrictas reglas, organizaron una serie de siete reuniones en las que desafiaron a la gente a que eligiese entre sus fiestas de carnaval paganas y una campaña de sanidad en el estadio principal de La Paz. Esta campaña dio origen a un grupo de convertidos que llegaron a formar la Ekklesia Misión Boliviana, congregación con de cerca de seiscientos miembros, la mayoría de ellos aimaras.[64] En julio de 1974, Ruibal dejó la nueva iglesia establecida al cuidado de algunos dirigentes jóvenes y se mudó a Colombia. Su esposa y él posteriormente se separaron del grupo legalista de Bogotá y se trasladaron a Cali. Allí dio inició al Centro Colombiano Cristiano Ekklesia, fundó la Universidad Cristiana Latinoamericana (UCLA), algunas estaciones de radio y un canal de televisión. Ruibal, en sus propias palabras dijo:

---

62 Ruibal, 78.
63 De Calderón, *Porque así lo prometió*, 120.
64 De Calderón, 22.

> Después de más de veinte años de ministerio, vivimos ahora en una casa simple alquilada en la ciudad de Cali. Una vez dormimos en el suelo durante nueve meses. No tengo ahorros o inversiones y, hasta recientemente mi carro era un Chevrolet de 1968. Sin embargo, me regocijo en los grandes beneficios del favor de Dios.[65]

En diciembre de 1995, a la edad de cuarenta y dos años, Julio César Ruibal fue asesinado cuando salía de una reunión de dirigentes cristianos en Cali. Algunos asesinos pagados lo mataron alegando una disputa sobre un terreno que la organización de Ruibal había recibido como una donación para construir una iglesia. Los miembros del cartel de drogas local también querían el terreno. Ruibal ya había recibido varias amenazas de muerte y había profetizado que su martirio sería un sacrificio para Dios y para un nuevo tiempo en Cali.

La película *Transformaciones* producida por el movimiento de lucha espiritual de Peter Wagner[66] cuenta la manera en que la muerte de Ruibal guio a un grupo de doscientos pastores a reunirse cada noche para orar, para que el cartel sea desmantelado. Estaban convencidos que fuerzas espirituales controlan lugares geográficos y que los problemas de Colombia, como el tráfico de drogas, la corrupción y violencia, eran promovidos por esas fuerzas espirituales. Para Morillo, esta lectura es simplista, espiritualizada y distorsiona la realidad, carece de valores cristianos y no enseña sobre la justicia, la pobreza, la reconciliación y el perdón.[67]

Los jóvenes convertidos por medio de la predicación de Ruibal y que tienen a su cargo las nuevas iglesias formadas en Bolivia, aún se mantienen activos hoy en día. A continuación, un resumen:

1. Congregación de la calle Comercio en La Paz: Francisco Rodríguez, Jhonny Dueri;
2. Iglesia Shalom de La Paz: pastor David Villarroel;
3. Ekklesia Misión Boliviana en La Paz: Alberto y Silvia Salcedo;
4. Grupo Cristiano en La Paz: pastor Miguel Rafael;

---

[65] Ruibal, *Ungido para la cosecha del tiempo final*, 69.
[66] Otis, *Transformations: A Documentary*.
[67] Morrillo, *Critique of the Transformations Video*.

5. Iglesia Misión y Servicio Cristiano en Cochabamba: pastor Cesar Borda;
6. Iglesia Agua Viva de la Roca en Santa Cruz: «Picolo» Carlos Nanetti;
7. Iglesia del Nuevo Pacto Poder de Dios, nombre oficial de la iglesia PdD en La Paz: Luis Guachalla.

Personas jóvenes, occidentalizadas, con valores de clase media como Julio César Ruibal, contribuyeron al nacimiento del neopentecostalismo y lo vieron crecer, principalmente entre los aimaras. Luis Guachalla, fundador y líder de la iglesia PdD, dice abiertamente que fue Ruibal el que lo introdujo a la fe neopentecostal, cuando él era un joven de contexto de clase media.[68] Sin embargo, dado que Bolivia es un país predominantemente pobre, con una población mayoritaria de grupos indígenas, el movimiento neopentecostal refleja este componente, con una predominio de miembros aimaras y quechuas. La transición de la vida de sociedades premodernas indígenas y de comunidades rurales a la vida moderna en los centros urbanos, ha conducido a la creación de nuevas identidades religiosas para la mayoría de los bolivianos.

Independientes del catolicismo romano y del protestantismo reformado (al menos al comienzo), los neopentecostales experimentaron un enorme crecimiento numérico y han formado las iglesias urbanas más grandes que hay. Casi todas estas nuevas iglesias, que giran en torno a una experiencia con el poder del Espíritu Santo, con algunas excepciones como la congregación de la calle Comercio, enfatizan las sanidades milagrosas, la prosperidad material, el anti-intelectualismo y el éxtasis emocional.

Resumen

Esta lectura de la historia de los aimaras, que incluye a los neopentecostales aimaras, ayuda a entender su desarrollo y a observar su realidad en la actualidad. La permanente simbiosis de elementos de distinta naturaleza ha favorecido el desarrollo de una identidad aimara sin todavía definir de cerca u obstruir los perfiles detallados.

---

[68] Guachalla, *Raíces del Ministerios del Nuevo Pacto poder de Dios.*

Lo que se observa son uniones, contrastes y tonalidades que se han mezclado y sobrepuesto. Estos procesos reflejan las crisis, adaptación y reconstrucción que ha vivido esta cultura, procesos que han formado su actual identidad.

En el último siglo, dos movimientos globales dinámicos impactaron a los aimaras bolivianos: la modernidad y los nuevos movimientos religiosos evangélicos,[69] los que incluyen desde la década de 1970 a los neopentecostales.[70] El avivamiento dirigido por Julio César Ruibal, boliviano estudiante de medicina, que dirigió campañas de evangelización y realizó milagros en estadios de fútbol y centros mineros, inició el movimiento neopentecostal.[71] Este movimiento dio origen a lo que ahora son las iglesias más grandes de Bolivia.

Esta nueva versión de la iglesia pentecostal atrae principalmente a la gente indígena pobre que viven en las zonas periféricas. Muchos de ellos son migrantes de las áreas rurales, desempleados y su traslado a la ciudad les provoca cambios en su identidad y, algunas veces movilidad económica. Pertenecer a una de estas iglesias se percibe como un ascenso en la escala social.[72] Existe una continuidad en el perfil de los miembros de la iglesia PdD con estos hechos históricos y sus características análogas serán desglosadas en el siguiente capítulo.

---

[69] La palabra «evangélico» se usa en Bolivia para describir lo que en otras partes del mundo se conoce como la iglesia protestante (Philips 1968: 13). En este estudio las dos palabras son intercambiables.

[70] Albó, «La experiencia religiosa aimara», 322-323.

[71] Riviere, «Bolivia, el pentecostalismo en la sociedad aimara del Altiplano», 262.

[72] Droogers 1991, «Visiones paradójicas sobre una religión paradójica», 21.

Capítulo 4

La Iglesia Poder de Dios

Introducción

Un encuentro interactivo de significados está ocurriendo en el escenario religioso de La Paz, donde la Iglesia Poder de Dios (IPdD) hace uso de su exitoso estilo de mercadotecnia con prácticas adaptadas a la cultura aimara, tanto a lo viejo como a lo nuevo, tanto al área rural como a la urbana. Este encuentro de significados crea conflictos y genera nuevas identidades. Para los neopentecostales aimaras, esta nueva identidad incluye nuevas creencias, pero mantiene elementos indígenas, rituales sintetizados, relaciones sociales contextuales y normas éticas reinterpretadas.

El pentecostalismo ha llegado a ser una expresión socio-religiosa que cuestiona no solamente la hegemonía tradicional de los bienes de salvación sino también la conducta social y cultural que se practica hasta hoy, tanto por los que han adoptado el catolicismo institucional mezclado con el animismo aimara, como por los protestantes conservadores evangélicos, creando de esta forma un escenario religioso heterogéneo.

Los católicos populares (aquellos que siguen un catolicismo del pueblo) y los evangélicos pentecostales son agentes religiosos rivales, que compiten constantemente por el mismo universo socio-religioso y área geográfica. Ambos apelan a poblaciones que son social y económicamente marginadas y responden a nuevas demandas de consumo religioso. El crecimiento extraordinario de las iglesias evangélicas no históricas, en particular las iglesias pentecostales y neopentecostales en los últimos veinte años, ha sido un indicador categórico de la vitalidad y transformación de la vida espiritual en la sociedad de La Paz. Latinoamérica, hogar del 62% de católicos del mundo, cada día se vuelve menos católica.

El pentecostalismo en América Latina ha sido descrito como la versión protestante de la religiosidad popular católica.[1] Es popular no sólo porque atrae a los pobres sino porque moldea el día a día de la vida de la gente. El crecimiento e influencia del neopentecostalismo en Bolivia ocurre en medio del aumento de la pobreza en millones de personas, las cuales encuentran en la iglesia neopentecostal una iglesia que se identifica con su mundo de sufrimiento y con su situación socio-religiosa.

Cuando el rol de las fiestas o festividades al interior del catolicismo popular urbano es criticado, no se puede negar que cumplen dos funciones: incentivan la devoción por un «santo» o una «virgen», y promueven a algunas personas en una jerarquía social. En otras palabras, estas fiestas religiosas son un mecanismo para identificar e integrar a los habitantes de una determinada área, y al mismo tiempo una oportunidad para hacer visible la superioridad social, cultural y económica de una élite social próspera. Las fiestas relacionadas con generación de trabajo recrean la identidad de aquellos que han migrado a ciudades grandes. Al estudiar el sincretismo de las fiestas, Albó establece la diferencia entre el sincretismo religioso vinculado a la tradición andina y otro tipo de sincretismo relacionado con grupos de poder. Escribiendo acerca del primer grupo dice lo siguiente:

> De hecho, así como resulta difícil discernir los aspectos cristianos dentro de la fiesta, así resulta complicado tratar de aislar sus elementos netamente andinos transformados y neutralizados por dos factores complementarios: uno histórico, su cristianización, otro más reciente, su urbanización.[2]

Al mismo tiempo, Guaygua afirma que los católicos aimaras urbanos en La Paz no quieren convertirse al pentecostalismo debido a dos razones:

---

[1] Sepúlveda, «Pentecostalism as popular religiosity», 80.
[2] Albó y Preiswerk, *Los señores del Gran Poder*, 241.

1. El catolicismo es la religión de sus antepasados, es la norma de fe de su tradición cultural y es socialmente la religión de los ancestros colectivos y familiares…

2. Pensado como un sistema de redes de reciprocidades entre familiares, parientes y cómplices —dioses, santos y personas humanas vivas o muertas— el énfasis del catolicismo está en su valor como sistema de creencia y culto, de la religión como experiencia familiar, algo sagrado y fundamento de la fe vivida como afecto, que los neopentecostales vinieron no sólo a negar, sino a destruir.[3]

El catolicismo popular, según se expresa en las fiestas, combina las creencias y rituales de la tradición católica y los valores aimaras, esta mezcla atrae poderosamente a las multitudes urbanas de la ciudad de La Paz. Al mismo tiempo promueve estructuras socioeconómicas basadas en la forma y la lógica de las reciprocidades asociadas con el poder, los afectos, los derechos y las obligaciones. Esta combinación de tradiciones y valores también influye en las relaciones de amistad, pues su forma de relacionarse es una continuidad a la forma como lo hacían en el pasado, en el área rural. De esta manera los aimaras reconstruyen su identidad.

Mientras algunos tienden a relacionar el pentecostalismo con la modernidad urbana, viendo la conversión a una nueva religión como un medio efectivo para adoptar el estilo de vida occidental, otros la ven como una reconstrucción idealizada de la sociedad indígena tradicional.[4] En otras palabras, para las masas desarraigadas y desorientadas que intentan construir nuevos patrones socioculturales en las ciudades, el pentecostalismo ofrece una comunidad substituta que ofrece respuestas efectivas y soluciones para construir una nueva identidad. Sin embargo, en lugar de separar la tendencia hacia la modernidad de la tendencia hacia el mundo indígena tradicional, la práctica pentecostal y su mensaje tiene elementos de continuidad y discontinuidad con la manera que el pueblo expresa su cultura y religión.

---

3 Guaygua, «El mercado y los bienes de salvación», 53.
4 Garrard-Burnet, *Rethinking Protestantism in Latin America*.

Entonces, ¿cuáles son las características del neopentecostalismo que explican su identidad y trabajo? ¿qué está pasando específicamente en la IPdD? Esta forma de neopentecostalismo dentro del pentecostalismo boliviano está operando principalmente en sectores urbanizados de La Paz que son pobres, marginados y con fuertes raíces indígenas. La gente pobre que es parte de la IPdD en La Paz vive en áreas donde la vida es precaria y, en años recientes, ha llegado a ser más insegura e infeliz. ¿De qué manera enfrenta la iglesia los desafíos que sus miembros y líderes tienen?

La IPdD en su contexto

- El pentecostalismo, antes que una doctrina, propone una experiencia de Dios particularmente intensa, capaz de ofrecer un «camino de salvación —nuevo sentido— radicalmente diferente de las oportunidades biográficas que ofrece la sociedad en general…
- El pentecostalismo abre las puertas a una experiencia de Dios, sin mediaciones…
- La posibilidad de esta experiencia de Dios se da a conocer con un lenguaje conocido, verbal y no verbal (se anuncia a Dios en la lengua del pueblo) …
- Lo anterior es posible porque el sujeto del anuncio es también alguien del pueblo quién, por su propia existencia, da testimonio de la plausibilidad de la experiencia para el que escucha.
- La experiencia, aunque posible también en el ámbito privado, se alimenta por la incorporación de una comunidad de gente que comparte la experiencia, y la celebra en solidaridad afectiva y efectiva con los nuevos hermanos.[5]

El contexto de las personas y de la iglesia es peculiar a las mayorías en las grandes ciudades del país, es decir, indígena y pobre. La IPdD está ubicada en el área más poblada de la ciudad de La Paz, el sitio principal de la IPdD para multiplicar la cosecha de su obra evangelística es «la casa de Dios» en la plaza Riosiño. Esta zona en la ladera norte de la ciudad capital de Bolivia se caracteriza por ser la parte de la ciudad

---

[5] Guaygua y Castillo, *Identidades y religión*, 77.

más densamente poblada. Esta área es también hogar de las y los que bailan en la fiesta del Señor del Gran Poder,[6] la principal expresión del catolicismo popular, llevado a cabo una vez por año en el mes de mayo. El paralelismo entre los nombres de la Iglesia Poder de Dios y el nombre del área geográfica, zona del gran poder, no es una mera coincidencia.

Muy probable que esto revele la relación existente entre los aspectos religioso, geográfico y social de la gente aimara que vive allí. El lugar favorito de influencia de la IPdD es la zona del Gran Poder. Pero también la gente viene de diferentes barrios pobres para participar de las reuniones. La población de esta área y por tanto de la IPdD está marcada por un bajo ingreso económico, empleo precario y acceso limitado a servicios básicos. Así es la realidad que se vive en esta parte de la ciudad, y por lo tanto, la realidad de la IPdD.

La atmósfera de los cultos

El primer culto dominical, de los seis que la congregación IPdD realiza, sucede antes del amanecer, al igual que la vida cotidiana de los aimaras que viven en La Paz. El edificio principal de la iglesia abre sus puertas cuando todavía es de noche y la gente comienza a llegar a las 4:30 a.m.; ya hay gente esperando. Antes de las 6:00 a.m. se inicia el culto con un momento de alabanza y adoración. A esta hora el local ya está lleno con muchas personas de pie. El arreglo del local sólo cuenta con cuatro filas de asientos al lado derecho del salón, reservado para los más ancianos y las personas con problemas de salud. El resto de los asistentes permanece de pie durante las tres horas que dura el servicio religioso. El primer culto es el más popular, tanto para el pastor como para la congregación.

El solista que dirige la música inicia este tiempo con canciones de ritmo lento, luego, poco a poco introduce canciones con ritmo más rápido como las de pop latino, luego alabanzas con música boliviana y cumbias colombianas. Los cantos son cada vez más fuertes y efusivos. Esta preparación progresiva de alabanzas dura entre 90 y 120 minutos que conduce a todos al momento de la aparición del pastor Guachalla. Su llegada es el punto central de las atenciones y es la señal para dos de

---

6 Albó y Preiswerk, *Los señores del Gran Poder*, 5, 113.

las partes más importantes: el llamado a dar los diezmos y la entrega del mensaje.

Durante la última media hora del tiempo de la alabanza, cerca de cincuenta ujieres uniformados, hombres y mujeres, se forman en la parte trasera del local como si fuera un escuadrón de soldados. Se alistan para hacer su trabajo tan pronto como el pastor aparezca. Los cincuenta ujieres son un número alto de los quinientos a seiscientos presentes en la congregación, estos se mueven en medio de la multitud desordenada; distribuyen los sobres bendecidos para las ofrendas y diezmos, que llevan impreso el logotipo y el lema de la iglesia, ademas se aseguran de que todos los asistentes reciban un sobre y que nadie se niegue a recibir uno.

El lema de la iglesia del pastor Guachalla es una frase corta tomada de la Biblia, la cual él la repite varias veces a lo largo de sus exhortaciones y sermones, y lo hace subiendo el tono de voz, la usa como si fuera un talismán. «Porque nada es imposible para Dios», dice el pastor y la congregación la repite efusivamente: «Porque nada es imposible para Dios». El pastor adorna el lema con frases que suponen un sentido colectivo de comodidad, excitación, estupor y ausencia total de espíritu crítico. Para los asistentes, el edificio de la iglesia parece convertirse en el único lugar sobre la tierra y el pastor sabe que los tiene donde él los quiere a todos.

A las ocho en punto de la mañana el pastor sabe por experiencia que él ya tiene preparado el terreno de este rebaño manejable. Se dirige directo a su objetivo, les pide a todos que den sus ofrendas. Usa dos símbolos de la cosmovisión de los aimara: reciprocidad y retribución. En este punto crucial de los cultos de domingo, el pastor hace uso de las prácticas del agente religioso aimara, el *yatiri*, para solicitar contribuciones económicas a los miembros de la iglesia. Vincula el acto de ofrendar con la percepción que la gente tiene de conductas en su cultura nativa.

Un miembro permanece listo, esperando cerca de la tarima, para ser invitado por el pastor. Sube y éste le abraza y le felicita por su ofrenda de mil dólares estadounidenses destinados a la construcción de la «casa de Dios». El pastor tiene el dinero en el bolsillo derecho de su pantalón, lo saca, lo toma en sus manos, lo levanta en el aire y comienza a contar los billetes verdes lentamente, uno por uno:

«100, 200, 300… 800, 900, 1,000». El pastor Guachalla, entonces, se dirige a la congregación y dice: «Por su generosidad, este hermano va a recibir una corona de oro en el cielo. ¿Quieres recibir una corona de oro también? ¿O tal vez quieren recibir una corona de estaño, o peor que eso, una corona de cartón?» Les pregunta cuánto planean dar en esa mañana y les pide dar más. Los presiona argumentando que deben dar más porque si no lo hacen los hermanos se reirán de su corona. Les advierte que la persona que dio 1,000 dólares se reirá desde su asiento en el cielo al ver al que no tiene el premio de oro.

Con sus palabras, sus repeticiones y por usar diferentes tonos de voz, ahora los tiene a todos riendo. El mensaje es claro: cuanto más das a la IPdD, más recibirás de Dios. El principio de la reciprocidad religiosa es la columna vertebral de la cultura aimara. El pastor Guachalla toma este principio y lo adapta enseñando un principio de reciprocidad neopentecostal.

La respuesta de la multitud es lenta. Algunos abren sus sobres «bendecidos» y ponen un poco más de dinero. El pastor les recuerda a aquellos que tienen casa propia que Dios les dio aquel regalo sin que hayan hecho nada para merecérselo. Les dice a los que viven en propiedades alquiladas que es Dios quien les dio el techo sobre sus cabezas. Les amonesta «ustedes, que tienen casas donde vivir, ¿están dispuestos a dejar a Dios sin casa?» Este es otro pedido que penetra las fibras de la cosmovisión nativa. ¿Si Dios nos ha dado, acaso no le devolveremos? ¿no le retribuiremos?

El pastor Guachalla de repente deja de hablar a la congregación que está de pie —a estas alturas haciendo aritmética mental para ver si ellos todavía pueden dar más— vuelve sus ojos al techo del lugar para mostrar que él se dirige a Dios y deja bien claro lo que ha pedido, hace una oración por aquellos que no creen, por aquellos a quienes el diablo ha enceguecido para que no den con sacrificio, por los que han olvidado lo mucho que han recibido y por aquellos que todavía pueden recibir una corona de oro. Luego, interrumpe su comunicación con Dios para realizar el ritual final antes que los ujieres recojan las ofrendas y diezmos.

Imitando al *yatiri*, el pastor Guachalla pide a todos que coloquen sus sobres de papel en el lado izquierdo de sus pechos, cerca del corazón. En la investigación de campo, el testimonio de una vendedora del grupo focal describe cómo el *yatiri* antes de pedir su pago le pide que ponga su dinero cerca de su corazón, para demostrar que su decisión de dar es hecha con todo su sentimiento. Si los creyentes quieren grandes cosas, si buscan grandes cosas, entonces deben dar con sacrificio para recibir lo mejor.

Aquí el pastor hace un pequeño paréntesis con el fin de explicar que la «casa de Dios», que ha sido construida en una de las áreas más densamente pobladas de la ciudad, tiene un costo aproximado de dos millones de dólares estadounidenses, «porque nada es imposible para Dios», todos repiten en coro. Finalmente, los ujieres uniformados vuelven por su ruta tortuosa en medio de los fieles parados y recogen lo que será la primera de las cinco abundantes recolectas dominicales.

La Iglesia PdD ha llegado a ser rica y luego poderosa al adoptar y adaptar los canales indígenas de la reciprocidad y la retribución respecto a lo trascendente. Utiliza prácticas sincréticas, por ejemplo, en el pago a los favores divino-religiosos, usando el lenguaje y la cosmovisión aimara. La IPdD es propietaria de una red de estaciones de radio en cada ciudad capital y una red de canales de televisión que transmite a nivel nacional. Además, tiene instalaciones en lugares de fácil acceso para la población mayoritaria. Aunque a nadie se le obliga a dar, sin embargo, en los cultos de la iglesia se usan mecanismos que explotan la inocencia y la falta de información de la gente. La iglesia usa una inducción abusiva. Este mismo método se usa en reuniones mediáticas masivas o en conciertos musicales. Se manipula a las masas usando el emocionalismo y la ignorancia, el sistema de creencias y la pobreza de la gente.

Antes de comenzar su sermón, el pastor permite que algunas personas testifiquen en público sobre milagros de sanidad. Se asigna un tiempo corto, el mensaje esperado todavía está por venir. Una persona comparte acerca de sanidad de una anemia crónica que la dejó sin poder caminar y aun sin pensar. Otros hablan de la desesperante miseria urbana experimentada desde que se trasladaron a la ciudad. Al dejar el local, después de tres horas y media de intensa actividad, se puede observar otros casos de anemia crónica y de extrema pobreza en los corredores de las instalaciones. Personas necesitadas, tiradas en el suelo en búsqueda de una oportunidad, de una solución animista pentecostal para sus problemas o por lo menos algo de ayuda.

Modos de comunicación

El ethos de esta iglesia incorpora varias líneas de pensamiento: creencias nuevas y tradicionales, modos de estilo de vida social, costumbres urbanas y rurales y el uso retórico del lenguaje popular. Estos tres factores tienen formas culturales que van del aimara nativo al migrante urbano marginalizado. Aunque lo que se habla y se hace reflejan una ambigüedad y contradicción considerable, existe un fuerte sentido de construir algo nuevo, de crear una vida nueva e identidad basada en sus situaciones y posibilidades.

El uso de la Biblia en la IPdD es ritualista en lugar de exegético. Un buen número de los miembros son analfabetos o tienen una habilidad limitada para leer, esto significa que la Biblia se usa de una manera enfáticamente simbólica, más como objeto que como sujeto que inspira fe y convicción. Durante el culto no se responden preguntas y el ritual tampoco deja espacio para el debate. «Los rituales son instrumentos de poder». Los asistentes simplemente observan el ritual y creen que el solo acto de estar presentes garantiza la salvación del mundo. El sencillo acto de poner la Biblia en el púlpito o sobre el enfermo o endemoniado, representa la acción de fuerzas liberadoras. La repetición de textos del Antiguo o Nuevo Testamento atrae —eso es lo creen— fuerzas invisibles que son casi mágicas. Entonces el uso de la Biblia —y otras prácticas rituales usadas por los neopentecostales que laboran entre los pobres— está relacionada con formas y contenidos heredados de su universo ancestral que son pertinentes a sus necesidades socioeconómicas.

Las reuniones hechas en la IPdD reflejan un círculo de repetición tanto en la forma como en el contenido, en tiempos y espacios establecidos. Aunque los cultos parecen ser espontáneos, cada una de las partes ha sido cuidadosamente planeada. El dirigente y la gente se comportan de manera especial, organizada, religiosa y cultural que agrada a todos fascinándolos, sorprendiéndolos e inquietándolos.

Desde que la traducción al aimara se ha ido incorporando gradualmente en los cultos de la IPdD en años recientes, se ha vuelto muy popular y se transmite repetidamente en las estaciones de radio y televisión. El interior de la iglesia se decora con banderas coloridas, paredes brillantes y arreglos multicolores, que reflejan la preferencia aimara por los colores brillantes, por ejemplo, en su vestimenta.

El uso del idioma aimara, el escenario colorido, la vida en comunidad y muchos otros aspectos característicos de la cultura aimara forman parte de la atmósfera de la IPdD y su carácter indígena aimara.

Los neopentecostales aimaras relacionan la fe cristiana con el mundo religioso de los pobres. Esta relación es más con la experiencia religiosa y la perspectiva de la cultura indígena que con la cultura urbana occidentalizada. El pentecostalismo se basa en la experiencia religiosa más que en la doctrina, ello implica una experiencia extasiada de Dios, que ofrece soluciones, salvación, nueva identidad y significado para la vida. Los miembros son empoderados. Experimentan a Dios de un modo real y comunican los milagros que les pasan cada día a personas de su propia cultura y en su propio idioma. Esta experiencia de pertenecer a una comunidad de personas que comparten la misma identidad y la celebran afectiva y efectivamente fortalece la experiencia pentecostal aimara.

Historia – ¿Cómo comenzó la IPdD?

¿Cómo comenzó esta iglesia? Luis Guachalla, fundador y líder indiscutible, responde a esta pregunta mencionando su propia conversión:

> «Yo soy una oveja de Julio César Ruibal, no me convertí en una iglesia, me convertí por radio, esa noche cuando predicó Julio César Ruibal acepté a Jesús, me convertí. Tu corazón, tu mente cambia, me entregue a Jesús en ese momento en los Yungas. Solo quiero hablar de Jesús, quiero salir de este lugar, quiero ir a La Paz».[7]

En una cinta grabada el 9 de noviembre de 2003, en el culto dominical principal, Guachalla narraba de esa manera, veinte años después, su conversión y el inicio de la iglesia cristiana «Ministerio del nuevo pacto poder de Dios». La radio que escuchaba en 1983, en el trópico del departamento de La Paz era radio Illimani. A los tres meses de convertido, continua la historia, ya era predicador en la plaza Pérez Velasco, el lugar más concurrido de la ciudad de La Paz. Junto a Jhonny Vásquez, Fermín Caso y sus respectivas familias, los esposos Guachalla

---

[7] Guachalla, *Raíces del Ministerio del nuevo pacto poder de Dios.*

fueron entrenados en el lugar más duro de la urbe para ser, antes de todo, ganadores de almas.

Guachalla salió del colegio y por algunos años entró en la universidad donde hizo el intento de estudiar derecho y agronomía. Se casó a los veinte años con la pastora Magnely, con quien tiene dos hijos, el mayor de ellos es actualmente líder de los jóvenes y la hija menor es cantora y presentadora de programas de TV para niños. Toda la familia es protagonista indiscutible de la organización, la cual posee veinte estaciones de radio, un canal de televisión y veintidós iglesias, a lo largo y ancho de todo el territorio nacional y varias ramificaciones en el exterior.[8]

En el año 1988, el pastor Guachalla finalizó su ministerio itinerante con la Carpa de Jesús y empezó a tener reuniones en salas de cine. Empezó en la zona populosa de Gran Poder, contrajo deudas para comprar instrumentos musicales, una plataforma, pagar alquileres y tener un programa radial. Con el apoyo económico y moral de un turista alemán llamado Ali, pasó del cine Madrid al cine Esmeralda; luego al cine México y finalmente al actual centro de operaciones, el antiguo cine Roby, antes de construir la «Casa de Dios».

respecto a las etapas principales de la historia de este ministerio, el pastor Luis Guachalla las describe como «embarazos visionarios». Cada vez que recibe una visión se siente como una mujer en cinta, a punto de dar a luz. Primero fue la radio Sol, luego el canal de TV 45, después el gran terreno, ubicado en la zona popular del Parque Riosiño, allí fue construida la costosa «casa de Dios», sede y templo de la IPdD.

Los medios de comunicación masiva juegan un importante rol en la expansión de la organización. La radio Sol Poder de Dios, comprada en 1990, logra un gran impacto con su modalidad de tribuna libre, es decir, da oportunidad a los creyentes aimaras para que cuenten los milagros que han recibido. El canal de TV sigue este mismo estilo.

El pastor Luis Guachalla

Guachalla se ubica sólidamente como el eje de donde ha nacido, crecido y continúa existiendo no sólo la iglesia, sino todo el «Ministerio del

---

8 Ministerio del Nuevo Pacto Poder de Dios, «Gran avivamiento de Bolivia a las naciones».

nuevo pacto Poder de Dios». Los miembros de la IPdD también están convencidos de que a Guachalla le corresponde esta posición por derecho propio. Después de trabajar duro en el ministerio itinerante durante la década de 1980, Guachalla comenzó a dirigir un «avivamiento espiritual» en la década de 1990, logrando atraer a multitudes de gente que buscaban sanidad y querían ver toda clase de milagros. Guaygua y Castillo han escrito acerca de los inicios de Guachalla en su estudio comparativo del neopentecostalismo y el catolicismo popular en la ciudad de El Alto:

> La predica del pastor Guachalla irrumpe con un gran crecimiento, arraigándose principalmente en los sectores populares, llegando ya en el 2007 a tener 10 representaciones departamentales, incluida la ciudad de El Alto, con un pastorado totalmente nacional, constituyendo una iglesia nacional que se sostiene con los diezmos y ofrendas de sus miembros.[9]

El carisma personal del pastor Guachalla permite que su familia y él tengan un firme control de la teología y doctrina de la iglesia y del patrimonio económico y social. Sus «embarazos visionarios» determinan los límites del camino que seguirá la IPdD y todo lo que ello implica. Guachalla es quien toma todas las decisiones y determina los dictámenes mayore y menores. Fue idea suya la de construir una mega iglesia que pudiese reproducirse en muchas otras iglesias dependientes. El pastor Guachalla también define las normas para el uso de los medios de comunicación, finanzas, organización y administración, define la estructura y el estilo de la iglesia. No existe un grupo o directorio a quien rinda cuentas o por el cual sea evaluado.

Orientación teológica de la iglesia

En teoría, la IPdD sostiene que la salvación no se pierde, ciñéndose a la escuela de pensamiento calvinista. Sin embargo, en la práctica, se observa que la iglesia pide repetidamente y, a veces dramáticamente, a sus miembros que se conviertan, lo cual pone en duda su doctrina de la salvación eterna y que quizá sea una estrategia para retener a sus miembros en la iglesia y asegurarse de que realmente hayan cambiado

---

9 Guaygua y Castillo, *Identidades y religión*, 84.

de religión. Aunque el pastor diga que los miembros comunes de su iglesia sean salvos, estos creen que necesitan convertirse otra vez cuando experimenten problemas, falta de fe, pecados o tentaciones. Hay una variedad de doctrinas que son importantes para la teología y práctica de la IPdD.

La guerra espiritual

Esta doctrina afirma que la iglesia y los creyentes se encuentran en una intensa batalla contra su enemigo, el diablo, quien dirige un ejército de demonios que están en todas partes intentando desanimar o tentar al creyente a pecar.

La teología de la prosperidad

Esta doctrina afirma que el creyente tiene el derecho de ser próspero y gozar de las riquezas del mundo moderno capitalista. Cuanto más dinero el creyente dé a la IPdD, recibirá más de parte de Dios. Esta doctrina enseña también que los cristianos deben ser ricos y si sufren de alguna enfermedad es porque tienen pecado en sus vidas o falta de fe.

El bautismo del Espíritu Santo

Esta doctrina enseña que, además de recibir la salvación, el creyente debe también estar lleno del Espíritu Santo. Esta condición ocurre cuando la persona tiembla toda y habla en lenguas extrañas.

Escatología premilenarista y posmilenarista

Al parecer, estas dos doctrinas coexisten en la IPdD porque se cree que el arrebatamiento sucederá en los últimos tiempos en medio de la tribulación final y que los creyentes serán llevados a estar con Jesucristo en el cielo. Sin embargo, se cree también que la iglesia puede traer el reino de Dios a la tierra y mejorar este mundo gradualmente, hasta que el reino milenario de Cristo comience.

Estructura y organización

En última instancia, el pastor Guachalla y su esposa son los responsables de la administración teológica y económica de la iglesia, junto a la ayuda de un selecto grupo de colegas confiables, quienes han sido capacitados, no en un seminario sino ciñéndose a una forma agresiva de evangelismo que practica la iglesia. Por ejemplo, estos deben de haber trabajado en grupos de células denominados «ganadores de almas» (GA), pero también deben haber predicado en las calles, en las cárceles y en los hospitales. Se elige a algunos de sus mejores dirigentes para que inicien iglesias hijas en otros barrios, provincias o departamentos donde la IPdD todavía no tiene una fuerte presencia. Sin embargo, la estructura organizativa de la iglesia es sencilla: a la cabeza se encuentran el pastor Guachalla y su esposa, los siguen hombres y mujeres pastores de otras congregaciones en La Paz y de otras partes de Bolivia, luego están los dirigentes intermedios que tienen a cargo los grupos celulares GA («ganadores de almas») y los grupos de alabanza, y finalmente los miembros de base de la iglesia.

La directiva

Los pastores y los dirigentes de los grupos GA concentran su trabajo en tres áreas: predicar la palabra de Dios, orar y ayunar. Estos también visitan a los fieles de su congregación y de grupos celulares que atraviesan por problemas de salud, económicos y familiares. Poseen solamente entrenamiento práctico y carecen de estudios teológicos, por tanto, están convencidos de que predican sermones inspirados en el momento porque creen que el Espíritu Santo los usa. El dirigente neopentecostal de la IPdD rinde cuentas a la iglesia madre y su entrenamiento se da en el grupo celular GA donde ministran, porque es allí donde han recibido el llamado de Dios y el don para el ministerio. Su tarea principal es extender el trabajo que el pastor Guachalla comenzó. La mayoría de estos dirigentes demuestra tener mucho entusiasmo acerca de su llamado y por ello trabaja a tiempo completo sin recibir pago alguno.

La directiva de la IPdD se conforma mayormente de hombres, aunque en años recientes se ha incluido a más mujeres. Gran parte de la congregación está formada por mujeres, quienes representan el 70 por ciento de los grupos GA y las iglesias y se dedican con mucho esfuerzo a la evangelización. Sin embargo, menos del 10 por ciento de los pastores adjuntos o auxiliares en todo el país son mujeres. Llegar a ser pastor adjunto significa recibir un salario, pero su número es pequeño en relación con toda la estructura de la iglesia. La mayoría de las mujeres dirigentes no reciben pago alguno.

Se puede comprobar el predominio de las mujeres en muchas situaciones como, por ejemplo, en la asistencia a los cultos de la iglesia, en su participación en los programas de las estaciones de radio y televisión y su lealtad como radioyentes de la emisora Sol. Estas mujeres escuchan esta radio mientras trabajan vendiendo sus productos en los mercados o en las calles.

Carácter social de la iglesia

La composición social de los miembros de la IPdD es homogénea en términos de la cultura aimara y la clase social. Sin embargo, la dirigencia está formada por un grupo pequeño de miembros de la clase media mestiza, la cual ejerce una influencia considerable sobre la mayoría de los miembros. Una parte significativa de los miembros de la IPdD concurren también a otras iglesias evangélicas. Aunque participan de la IPdD, carecen de un sentido de lealtad y les gusta dar vueltas por otras congregaciones en busca de otras alternativas.

Grupos celulares «ganadores de almas»

Por medio de los grupos «ganadores de almas» (GA) la iglesia expande el mensaje a otras familias y barrios. La IPdD calcula que existen alrededor de cinco mil grupos de GA en diferentes ciudades de Bolivia. Estos grupos se reúnen semanalmente en las casas, donde reproducen en menor escala la atmósfera de predicación, alabanza y oración que se encuentra en la iglesia.

Por lo general, los grupos celulares los dirigen los anfitriones, quienes abren las puertas de sus hogares a parientes y amigos con el deseo de compartir la verdad que transformará sus vidas y les hará apartarse de las prácticas del mundo. A los nuevos convertidos se los lleva a un nuevo estilo de vida, que los libera de malos hábitos y del consumo de bebidas alcohólicas. Este microcosmos religioso es la escuela informal pero efectiva para entrenar a miembros de la iglesia, de modo que ellos a su vez puedan llegar a ser dirigentes de grupos celulares similares. Se concentran en las almas de las personas y sus necesidades espirituales sin preocuparse de la persona como un todo. Los grupos GA son también la materia prima que se usa para formar nuevas congregaciones.

Testimonios de los miembros de la iglesia

Los testimonios que se han obtenido por medio de este estudio muestran que el ministerio de la IPdD se concentra en dos áreas principales: la sanidad y las ofrendas. Al escuchar los testimonios de los miembros de la IPdD en el local de la iglesia o en el canal de TV, se puede observar que la modalidad usada es la entrevista, a cargo del pastor Guachalla. Él es quien hace las preguntas, controla el micrófono y lleva a la persona que da su testimonio a decir lo que él quiere que esta diga para confirmar su enseñanza.

A un lado de la tarima, la esposa de Guachalla y un grupo de pastores escogen a las personas que tendrán el privilegio de dar su testimonio. Muchas otras personas quieren hablar de lo que Dios está haciendo en sus vidas, pero sólo algunas son elegidas. Los seleccionados, con la ayuda de Guachalla, hablan de su experiencia de sanidad o prosperidad. Todos usan un tono de voz dramático, como si fuera asunto de vida o muerte. Cuando las personas comparten su testimonio, se observan dos niveles de participación en la congregación. Por un lado, algunos miembros de base de la iglesia tienen la oportunidad de hablar acerca de algún milagro en sus vidas y la congregación oye su voz; por otro lado, el pastor Luis Guachalla dirige a la congregación a que exclame repetidamente su frase favorita: «nada es imposible para Dios».

El culto

Cada culto en la iglesia incluye mucho tiempo de alabanza, algunas veces es un grupo de música folclórica boliviana el que toca música andina y otras veces la alabanza la dirigen grupos electrónicos que tocan salsas, cumbias, rancheras y música pop latina. Cuando las bandas comienzan a tocar cánticos de alabanza y adoración, los miembros de la iglesia se animan a cantar, levantar las manos, danzar y estar alegres.

Más de seis músicos que usan lo mejor de la tecnología de sonido conducen a la congregación a alabar durante el segmento más largo del culto. La música generalmente dura más de una hora. Este tiempo de alabanza es vital para los objetivos de la iglesia porque sirve para comunicar gozo, optimismo, esperanza y prepara el camino para los próximos sesenta minutos de ofrendas y predicación.

La misión de la IPdD: entrevistas con miembros y dirigentes

La investigación de campo demuestra que los miembros de base y los líderes de nivel intermedio en la IPdD, tanto jóvenes como adultos, adoptan nuevas formas de pensamiento que se reflejan en su identidad y su cumplimiento de los objetivos y las tareas de la IPdD y se observa que han cambiado su rutina diaria después de su conversión. Todos ahora se consideran a sí mismos enviados y empoderados para buscar nuevos convertidos, al mismo tiempo que se someten a la directiva de la iglesia y su estructura.

Esta sección de análisis cualitativo está basada en veintinueve entrevistas en profundidad, quince con líderes intermedios (de grupos celulares y de alabanza) y catorce miembros de base de la iglesia. Cada entrevista duró cerca de una hora y abordó, con un intercambio abierto y conversación entre el entrevistado y el entrevistador, las siguientes cinco áreas:

1. Percepción de la experiencia de conversión personal,
2. Experiencia relacionada con la misión del creyente,
3. Conceptos acerca de la misión del creyente,
4. Experiencias en evangelización y discipulado y
5. Opiniones sobre la misión integral.

Percepción de la experiencia de conversión personal

Miembros de base

La experiencia de los creyentes de la IPdD después de su conversión consiste en una metamorfosis, conversión, cambio profundo de estilo de vida y del concepto de la vida. La percepción que los miembros de base y los dirigentes intermedios compartieron consiste en una reconstrucción de los conceptos mentales, emocionales y espirituales como resultado de aproximarse y unirse a la IPdD. Los miembros de base nacidos en áreas rurales hablaron de estados emocionales, tales como la búsqueda de la felicidad o el sentimiento de ser tentados por el vicio del alcoholismo y las fiestas urbanas. Las personas con raíces aimaras pero nacidas en áreas urbanas tiene una perspectiva distinta respecto a su conversión. Muchas de ellas se han unido a la IPdD después de haber sido bautizadas en otras iglesias evangélicas. Algunas de ellas fueron bautistas o formaron parte de otra de las grandes iglesias neopentecostales de La Paz, la iglesia Cristo Viene, de la que afirman ellos que el Espíritu Santo está ausente y que dan mal testimonio. Para ambos grupos, la conversión ha significado dejar de consumir bebidas alcohólicas, de participar en fiestas y no consultar a religiosos aimaras, como los *yatiris*.

A continuación, ofrecemos los testimonios de un hombre y una mujer, miembros de base de la IPdD, que llevan asistiendo a la iglesia más de dos años:

> Hace tres años que me convertí y como era policía me fue más difícil porque pensé que el oficio de policía era malo. Mi esposa me ha comprendido y perdonado, ya no tomo, ya no discuto, ya no hay peleas, borracheras e insultos. No me aparté del Señor, porque la palabra de Dios dice que apartados de Dios nada podemos hacer.
>
> Estaba atravesando una situación difícil en mi familia, estaba a punto de suicidarme. Alguien me invito a la iglesia y allí acepté a Jesús, fue en diciembre del 2000. Mi vida cambió, ya no participo en las comparsas donde antes bailaba, busqué a mis familiares para pedirles perdón y perdonarlos, antes no lo hacía porque era orgullosa. Comparto mi conversión con otras personas, les cuento la situación que atravesaba antes. Comparto en mi trabajo, con familiares y con personas con las que tengo oportunidad.

Al hablar de su conversión, los entrevistados enfatizan la sanidad física recibida y en su descarriado estilo de vida antes de su conversión. Sus razones para pertenecer a la IPdD a menudo se relacionan con los milagros de sanidad, los cuales han sido experimentados por ellos mismos y sus parientes cercanos como la esposa o los hijos. Tienden a recordar con mucho detalle su vida anterior a su conversión que la vida en el presente explicando, por ejemplo, que «yo hacía lo que todos hacen», «antes yo iba donde el *yatiri* para cualquier cosa», «yo peleaba y gritaba mucho», «yo iba de fiesta en fiesta, iba a los *yatiris*, a las brujas», «yo bebía mucho y malgastaba mi dinero» y «estuve a punto de suicidarme». Estas son algunas de las expresiones que se repitieron en las entrevistas. Después de la conversión, existe una lucha dinámica entre la cosmovisión y la forma de vida antigua y la nueva. Esta amalgama no es inmutable ni rígida sino flexible bajo constante revisión y reestructuración, formando así una identidad que no es enteramente nueva pero que difiere de la antigua mientras todavía esta se construye sobre su etnicidad indígena.

Los dirigentes intermedios

¿De qué manera describen su conversión dos jóvenes aimaras que son dirigentes intermedios? Los dos forman parte de grupos de alabanza, uno de un grupo folklórico y otro de un grupo electrónico. Veamos lo que dicen, tomando en cuenta que todos ellos llevan ya varios años en la congregación:

> En 1999 recibí a Cristo. Mi madre me habló de la Palabra, fue un milagro. Antes yo no sabía lo que era un milagro. Desde que conozco a Dios he aprendido que solo Dios puede hacer milagros. Antes me iba mal en el trabajo, ahora no. Desde entonces muchas cosas han cambiado, por ejemplo, mi carácter. Antes era muy rebelde con mi mamá, no le obedecía. Me gustaba bailar. El mismo año que me convertí estuve a punto de participar en una entrada folklórica pero no lo hice. Nunca acudía a los *yatiris* pero sí visitaba el Socavón en la entrada del carnaval de Oruro y además rezaba a los santos.
>
> Recibí a Cristo hace cinco años en un momento en el que tenía muchos problemas. Mi esposa había perdido a nuestro bebé. Como consecuencia de ello, mi vida era muy desordenada. Conocí a Dios y las cosas fueron cambiando, porque ambos recibimos a Dios. Ya no íbamos a fiestas, ya no asistíamos a entradas folklóricas, pero nunca visitamos a un *yatiri*.

Cuando hablan de su experiencia de conversión, los dirigentes jóvenes resaltan cambios de carácter y conducta. Hablan acerca del hecho de que han dejado de participar de las fiestas religiosas o en eventos sociales donde se sirven bebidas alcohólicas. Enfatizan el aspecto sentimental de su conversión, el cambio de corazón. Los dirigentes adultos, por otro lado, resaltan nuevos valores morales. Los que han tenido la experiencia de haber participado en organizaciones sociales, practican sus habilidades dirigenciales que aprendieron fuera de la iglesia, ya sea en clubes de madres o en juntas vecinales, trabajando dentro de la iglesia en la parte administrativa, como dirigentes de grupos celulares o en programas de la radio. Otra diferencia generacional es la relación con las creencias andinas aimaras y con agentes religiosos aimaras después de la conversión. Las personas jóvenes tienden a adherirse mucho menos que los adultos a la cosmovisión aimara y a los rituales animistas, porque han ido adaptándose a la globalización que se transmite en los centros urbanos. Ambos grupos, tanto hombres y mujeres como adultos y jóvenes manifiestan que compartir el testimonio de su conversión con amigos y parientes es un instrumento poderoso para diseminar su nueva fe.

Experiencia relacionada con la misión del creyente

Miembros de base

La fe neopentecostal claramente ofrece a cada convertido una responsabilidad inexcusable, la de compartir y expandir su manera particular de entender y vivir su fe, como si esta fuese única y superior. Todas las personas entrevistadas expresaron que encontraron el significado de la vida, un propósito mayor que lo describen como «servir al Señor», «predicar», «decir a la gente que se arrepienta», «hablar acerca del Señor», «ganar almas del infierno». Cada testimonio es parte de un concepto y una experiencia de misión que se aplica a hombres y mujeres, jóvenes y adultos.

Aunque todos los entrevistados incluyen en su percepción el deseo de compartir su nueva forma de ver el mundo en los lugares donde viven, ya sea en el campo o en la ciudad, los nuevos convertidos aceptan este desafío sin comprometerse con organizaciones de vecinos u otros grupos sociopolíticos. En cambio, algunos antiguos convertidos, hombres y mujeres, están mucho más abiertos a participar de los movimientos sociales. Sin embargo, ambos grupos separan la práctica de su fe de toda forma de servicio a los demás. Su energía física y espiritual, sus recursos financieros, sus logros personales son para su uso personal y el de la iglesia, no así para suplir las necesidades de otros. Aparte de orar por sanidad divina, la IPdD tiende a colocar las necesidades materiales en un plano secundario.

En los siguientes testimonios, observaremos la manera en que algunos miembros describen su percepción de lo que es la misión del creyente:

> Después de mi conversión, el propósito de mi vida es servir al Señor y hablar del evangelio a todos. Con mi familia no tengo planes específicos, solo que conozcan al Señor y que no sufran en este mundo. Mi plan es que todos los de mi barrio se conviertan al evangelio y para lograr este objetivo comparto con personas de todo nivel.
>
> Salimos a tocar música en la calle, a evangelizar, asistimos a las reuniones en casa, salimos a visitar. Cuando no tengo trabajo vengo a ayunar; hay ayunos todos los días en la iglesia. Me siento más cómodo cuando vengo a los ayunos, cuando vengo a congregarme. Todos se han convertido en mi casa, poco a poco, primero mi esposa, después mis hijos. A mi hija le cuesta, no es convertida, pero está empezando a entender y me siento bien por ello… El propósito de mi vida es ganar almas para el Señor, para que no se vayan al infierno.

Otras actividades descritas por los entrevistados como parte de su misión incluyen: la distribución de folletos, apoyar como ujieres en los cultos, asistir a las reuniones de oración y ayuno, evangelizar en las calles y plazas, y visitas a los enfermos en los hospitales. Su nuevo estilo de vida produce con frecuencia críticas y rechazo de parte de sus parientes y vecinos.

Los dirigentes intermedios

Una frase que repiten muchos de parte de los entrevistados, tanto jóvenes como adultos, cuando estos se refieren a su misión es «salvar almas». Este es, dicen ellos, el propósito de sus vidas. Los dirigentes de los grupos de alabanza, por medio de su música y los dirigentes de grupos celulares «ganadores de almas» (GA) por medio de su enseñanza en los grupos GA, especifican claramente que su prioridad se concentra en las almas de las personas. Los dirigentes juveniles muestran una indiferencia respecto a los aspectos sociales de su fe, se limitan a dar ejemplos de solidaridad y honestidad en sus lugares de trabajo. En cambio, los adultos que tuvieron experiencias previas en movimientos sociales comentan que han participado o que participan en juntas de vecinos u organizaciones de propietarios de puestos de venta, y que también forman parte de campañas para dar ropa usada y otros artículos a los pobres.

Ahora veamos cómo lo que acabamos de analizar se refleja en las propias palabras de estos dirigentes jóvenes de procedencia aimara pero que están fuertemente comprometidos con la misión su iglesia:

> El propósito de mi vida es salvar mi alma, no tendría ningún sentido que yo tenga una profesión o riquezas sino salvo mi alma, igual no me iría con Dios. Lo que quiero a corto plazo es lograr un título profesional y darles a mis hermanos lo que mis papás no pudieron darles. A mediano plazo quiero tener una familia y predicar la palabra de Dios y a largo plazo tener un ministerio, pero siempre guiado por mi pastor. Los planes para mi barrio son realizar campañas y actividades que puedan ganar a la gente: cenas, comida, transmitir películas… llegar a lugares donde no se ha llegado. Dentro de la iglesia existe la misión y la visión. La misión es ganar almas, la visión es convertirlas a Dios.
>
> El propósito que tengo en la vida es el de ser salvo para que cuando Dios venga yo pueda irme con él. Es por ello que una de mis metas a largo plazo es convertirme en pastor, a corto y mediano plazo es continuar con el evangelio al lado de mi familia y componer algunas canciones para Dios. No tengo ningún plan para mi barrio porque la gente es muy especial y no me relaciono con ellos. En mi trabajo quiero seguir hablándoles de Dios para evitar que exista envidia. En mi iglesia quiero seguir ganando almas, esa es la misión del cristiano en su iglesia, ayudar a todas las personas que se encuentran mal.

La misión descrita por estas personas que respondieron parece estar aislada de su contexto social, político y económico, incluso de su ambiente religioso, ya que no toma en cuenta cualquier otro tipo de fe. Su misión es casi exclusivamente dedicada a aspectos espirituales que se practican efectivamente dentro de la familia nuclear y extendida.

Casi todos los entrevistados hablaron acerca de su éxito en compartir su nueva manera de vivir y su nueva fe con familiares y compañeros de trabajo.

Experiencias sobre la evangelización y el discipulado

Miembros de base

El compromiso por evangelizar demuestra tener un profundo arraigo en todos los que fueron entrevistados, tanto en los que han estado en la iglesia por largo tiempo como los que tienen poco tiempo. Sin embargo, ¿qué significa evangelizar para estas personas? Evangelizar para ellos es guiar a los demás a que vayan a la iglesia a escuchar el evangelio, es hablar a sus amigos, parientes, vecinos y compañeros de trabajo acerca de cómo conocer las buenas noticias de Jesucristo. La principal meta consiste en convencer a hombres y mujeres a que vayan a la iglesia o a que escuchen radio Sol o que vean la TV en el canal 45. Además del uso de los medios de comunicación, los miembros de la IPdD también contribuyen al crecimiento de la iglesia cuando comparten con los demás acerca de los milagros que han sucedido dentro y fuera de la iglesia. Una mujer aimara adulta nacida en el área rural dijo: «comparto el evangelio con todos y en cualquier momento. He guiado a muchas personas en sus primeros pasos, no recuerdo a cuántos, ya no tengo contacto con ellos». Otra mujer indígena joven, también campesina de nacimiento indicó: «hablo a todos del evangelio y reparto folletos, pero no he hecho seguimiento a nadie». Un varón casado también nacido en el campo testificó: «comparto el evangelio en el trabajo con mis compañeros a la hora del descanso. A veces tienen problemas, entonces les predico. A mis familiares también les hablo del Señor». Y otra mujer nacida en la zona urbana dice: «siempre predico cuando tengo oportunidad porque esa es mi tarea. Comparto con mis clientes, mis compañeras de mercado, mis familiares y vecinos».

Parece que los creyentes que asisten a la congregación por menos de dos años invitan a un círculo mayor de amigos y conocidos. Su nueva fe les produce una mayor entrega y son menos selectivos acerca de a quiénes invitan. Por otro lado, los creyentes más antiguos tienden a compartir con un círculo más íntimo de parientes, amigos cercanos y compañeros de trabajo. Se observa que los nuevos conversos son más intensos respecto a «compartir» su fe, mientras que los antiguos demuestran más perseverancia y estrategia en su trabajo misionero.

Los dirigentes intermedios

El encargado de la administración de la iglesia, quien es al mismo tiempo el dirigente de las células «ganadores de almas» (GA) y dirigente en su barrio de un grupo de comerciantes, testificaba lo siguiente al contar sus experiencias de evangelización y discipulado:

> Comparto constantemente el evangelio a mi familia, mis amigos y personas que no conozco. A las personas que vienen a la iglesia y piden ayuda, ya sean cristianas o no, las puertas siempre están abiertas para todos. Yo les digo que hay un Dios que puede cambiar nuestras vidas, que nos puede ayudar a volver a nacer y ser nuevos, pero en Cristo Jesús. Salimos a predicar la palabra con el pastor a las plazas y hospitales. Todos tienen que hacerlo de corazón sin ningún condicionamiento. Yo guío a los recién convertidos en los grupos GA y en las reuniones que tengo con comerciantes. Cada experiencia es importante para mí porque cada una de ellas es una vida más para Dios. Para cada experiencia recibo la ayuda de mi pastor.

Tanto los dirigentes de grupos celulares, así como los adultos que previamente pertenecieron a movimientos sociales, dicen que han guiado a muchas personas a la conversión. Este no es el caso de los dirigentes de los grupos de alabanza y los adultos que nunca han participado en movimientos sociales. Todos ellos, sin embargo, se han comprometido a traer nuevas personas a la IPdD. Una frase que se usa con frecuencia es «salvar almas del infierno». Refleja su necesidad antes de la conversión, su sentir de haber estado en el infierno. Incluso aquellos que antes de unirse a la IPdD y que fueron miembros de iglesias evangélicas conservadoras (de aquellas que predican poco acerca de los milagros, las experiencias de éxtasis y de los dones del Espíritu Santo) hablan de haber realmente conocido a Dios cuando sintieron su poder en la IPdD.

Solo he compartido el evangelio con mis hermanos. No he tenido experiencias con amigos y personas que no son cristianas. Tampoco he tenido la oportunidad de guiar los pasos de un recién convertido porque me falta mucho, necesito conocer más acerca de la palabra, uno tiene que estar bien fundamentado en la palabra. Yo lo haré cuando haya adquirido mayor conocimiento… La iglesia no solo debe dedicarse a salvar almas del infierno para que todos sean salvos.

Así como con los miembros de base, los dirigentes de la IPdD también comparten las buenas noticias acerca de milagros con sus parientes en primer lugar y después con sus amigos y colegas de trabajo. Pero estos van más allá, comparten también con sus vecinos, clubes de madres, escolares y universitarios. Comparten que creen en lo que Dios ha hecho, obras sobrenaturales cada día y en todas partes, en las calles, en la iglesia, con personas que ellos no conocían, con los que usan drogas, los enfermos, con parejas que querían divorciarse. Con frecuencia evocan el rol clave del pastor en completar su evangelización o su obra de discipulado, aunque esta última es mucho menos común. El discipulado se entiende básicamente como el continuo adoctrinamiento del converso y raramente se practica o incluso se menciona en comparación con el esfuerzo de convencer a las personas a que vayan a la iglesia o a que compartan un testimonio de sanidad. El propósito de la vida es «ganar almas», lo cual significa tomar la decisión inicial sin preocuparse demasiado en lo que viene después. Un dirigente joven de un grupo de alabanza dijo al respecto:

En todo momento comparto la palabra, ya sea en el trabajo, con vecinos, parientes, gente desconocida, les hablo de la palabra de Dios contándoles mi testimonio y hablándoles de la Biblia. En la palabra de Dios dice que «será predicado este evangelio a toda criatura». Esta es una orden de Jesús y esto lo cumplo de manera desinteresada, la paga que puedo tener es la bendición que Dios da a mi negocio y la experiencia con personas que recién se están convirtiendo. Uno puede compenetrarse con ellos y en la mayoría de los casos los resultados son buenos. Los que se convierten siempre están en la iglesia.

Opiniones acerca de la misión integral

Miembros de base

«Nosotros tenemos que mejorar la cultura aimara sin aceptar la idolatría y las tradiciones», «nosotros debemos pensar en el desarrollo del país», «debemos recuperar las cosas en la cultura», «la cultura aimara es del demonio», «el pastor nos ha dicho que no nos debemos meter en política». Estas opiniones, algunas veces contradictorias, las expresaron miembros de la iglesia y parecen ser observaciones espontáneas, cambiantes y paradójicas en lugar de ser firmes, bien pensadas y como fruto de un razonamiento y reflexión.

Los miembros de la iglesia intrínsecamente entienden la identificación con el pobre y la sensibilidad con el contexto cultural que es vital en la «misión integral»[10] porque ellos son y han sido pobres y vienen de la cultura aimara. La sensibilidad y la preocupación que sienten los cristianos pobres respecto a los desempleados, los que sufren hambre, los pobres, los que son vulnerables y a menudo explotados por las injusticias de un sistema segregacionista, no nace tanto de una conciencia reflexiva acerca de estos asuntos sino más de un sentimiento de empatía por haber sufrido lo mismo y tener la misma identidad indígena. Su compromiso neopentecostal y el proceso de cambio de fe ocurre dentro de esta realidad socioeconómica indígena. Una anciana nacida en el campo indico: «mis recursos son escasos, pero si tuviera dinero, ayudaría a todos los niños y a los pobres para que no sufran». Y una nueva convertida dijo: «la iglesia debe ocuparse de salvar almas y buscar a Dios primeramente y después preocuparse de la sociedad, de los pobres y huérfanos y dedicarse a ellos, pero nuestra fe debe estar fundada en Cristo solamente».

Parece que los nuevos conversos realizan un claro rompimiento temporal con la política, la cultura y con cualquier actividad que

---

[10] Padilla, *Mision Integral*, 191. René Padilla define la misión integral de la iglesia como: «La evangelización y la responsabilidad social son inseparables. El evangelio es buenas nuevas acerca del Reino de Dios. Las buenas obras, por otra parte, son las señales del Reino para las cuales fuimos creados en Cristo Jesús. La Palabra y la acción están indisolublemente unidos en la misión de Jesús y sus apóstoles, y debemos mantenerlos unidos en la misión de la iglesia, en la cual se prolonga la misión de Jesús hasta el fin del tiempo».

implique participación en la sociedad. Por otro lado, un antiguo converso dijo: «podemos participar en la junta de vecinos si queremos» y otra mujer expresa que «la iglesia debería contribuir al desarrollo del país y de la cultura aimara, pero condenan la idolatría, lo cual significa que deben dejar de adorar imágenes de santos del trasfondo católico, los ancestros y dioses de la religión aimara. Estas opiniones reflejan un cambio sustancial de la primera carga emocional que se experimenta en el umbral de la conversión.

Los antiguos conversos, tanto hombres como mujeres, expresaron su deseo de fortalecer, mejorar y recuperar aspectos de su cultura aimara, mientras que al mismo tiempo rechazaron enfáticamente las prácticas idolátricas. Compartieron sus aspiraciones de mejorar su calidad de vida y rescatar la cultura aimara. Ello puede reflejar el deseo de preservar algo precioso e íntimo y puede reflejar también la necesidad de continuidad y preservación.

Los dirigentes intermedios

Muy pocos dirigentes de nivel medio todavía creen que la misión de la iglesia es solamente «salvar almas del infierno» o que la «cultura aimara es del demonio». Aunque saben que la iglesia no dirige su atención a temas sociales, porque ha elegido darle prioridad a salvar almas, reconocen la importancia del equilibrio en la misión cristiana, un equilibrio que claramente separa «salvar almas» de la responsabilidad social de la iglesia. La evangelización es más importante, pero el creyente debe también contribuir al progreso de Bolivia, debe transformar la cultura aimara con el evangelio, ayudando el pobre, trabajando por un futuro mejor para Bolivia y eliminando todo tipo de discriminación. Esta separación radical entre evangelización y responsabilidad social, dando a esta última un plano inferior se justifica con las siguientes explicaciones: «al evangelizar formamos personas buenas que valoren la vida», «ganar almas es desarrollar el país», «por medio de esta ayuda, muchas personas dejan de vivir en las calles», «cuando logramos que las personas dejen el vicio, se vuelven útiles para la sociedad».

Aunque el concepto de la misión integral afirma que la fe cristiana causa impacto en cada parte de la vida humana, adoptar este concepto puede causar una dicotomía al estilo occidental entre lo que es espiritual y lo que es social. Los miembros aimaras de esta iglesia neopentecostal carecen de esta dicotomía en su diario vivir. Cuando se habla con ellos de la misión integral, se identifican inmediatamente con su contexto eclesial porque son personas pobres de comunidades indígenas. Los dirigentes intermedios jóvenes y adultos, casi de manera unánime, concuerdan que deben valorar su cultura aimara, hablar su idioma, rechazar algunas costumbres negativas, pero deben retener la solidaridad, el sentido de comunidad, la música y los atuendos tradicionales. La cultura aimara es parte de ellos y, por ello, creen que la iglesia debe recrear la cultura.

Los siguientes testimonios ofrecen un punto de vista respecto a la visión de los cristianos acerca de la cultura aimara:

> El pastor nos enseña que hablar aimara no es pecado. Es verdad que los indígenas acuden a los *yatiris* y se relacionan con ellos, pero en mi iglesia vamos a cambiar esto. Además hay muchos que hablan aimara y que asiste a la iglesia, ellos van a cambiar esto.

> La iglesia debería enfatizar más salvar almas del infierno, pero también debe preocuparse por el progreso de la nación y de ayudar a los pobres. Con la llegada de los españoles vinieron muchas costumbres ajenas a la nuestra y nos trajeron el cristianismo. Pero la cultura aimara no es diabólica, es buena. Se deberían rescatar cosas como la lengua aimara de la cual muchos se avergüenzan y se debe mantener costumbres como el *apthapi*, es decir, la confraternidad y la solidaridad entre hermanos y apartarnos de aquello que no le agrade a Dios.

Conclusión

En su estudio sobre la religión tradicional de los karimoyón en África del Este, Knighton, que evita una perspectiva occidental en su análisis y recurre a un enfoque antropológico-histórico, redescubre la vitalidad de esta religión nativa y llega a descubrir elementos similares a los que este estudio ha detectado en los neopentecostales aimaras de La Paz, Bolivia:

> Por tanto, la vitalidad de la religión tradicional karimoyón se mantiene viva, no tanto por la legitimación de cierta estructura

social como por la esencia de su cultura, que vive en la fe de su pueblo. En esto los karimoyón no son una categoría extraña: lo que sucede es que constantemente inventan sus comunidades siguiendo una continuidad poco usual con su pasado, con el fin de preservar su autonomía para el futuro. Saben que no se encuentran en su propio mundo, pero además se niegan rotundamente a ser homogenizados por el mundo de otros.[11]

Las creencias y las acciones de la IPdD son una respuesta indígena a las ansiedades existenciales que experimentan como resultado de raíces rotas por haber salido del campo o por ser aimaras urbanos, por la pobreza que también crea una necesidad de cambio y por las limitaciones personales de toda índole que los lleva a buscar salidas. Los miembros de la IPdD se fortalecen psicológica y espiritualmente de las creaciones ritualistas de la iglesia, obteniendo confianza en sus propios términos originarios, en otras palabras, en las subestructuras pre-existentes e internas.

Con los cambios en las relaciones sociales por haber migrado de áreas rurales o en los ajustes a cambios urbanos, las creencias religiosas son obligatoriamente transformadas o debilitadas, obligando a la gente a dar una cuidadosa mirada retrospectiva a los esquemas religiosos y sociales que han sido parte de ellos. A primera vista, la IPdD parece estar ubicada a la vanguardia del cambio de vida y de cultura de las personas, pero un análisis más cuidadoso revela que muchas veces lo opuesto es la verdad. Al escoger la iglesia IPdD, las personas aparentemente aceptan su sistema, el cual no sólo representa condiciones sociales y patrones de vida, sino también la identidad aimara existente.

Los diversos acercamientos de los que fueron seleccionados para ser entrevistados —nuevos y antiguos conversos, jóvenes y adultos, moradores urbanos y nacidos en el campo, miembros de base y dirigentes intermedios, hombres y mujeres— revelan que todos ellos están involucrados en el entorno de la IPdD con una actitud abierta y dispuesta a cooperar, pero que esconde un sistema indígena que está por sobre las estructuras de la iglesia. Ocurren conflictos en el sistema lógico convencional que activamente dirige las acciones de

---

[11] Knighton, *The Vitality of Karamojong Religion*, 261.

las personas y que con frecuencia son inconscientes, incongruentes y autónomos. La lógica común gira en torno al pensamiento racional y se mide por el sentido común con argumentos basados en lo que es bueno o malo. Pero el sistema indígena nativo prevalece, descalificando la racionalidad y enfocándose en sentimientos y en lo espiritual.

La vitalidad cultural aimara se puede también observar a través de la percepción de la conversión personal y de los conceptos y experiencia de la misión, especialmente la evangelización y el discipulado, y también en las opiniones acerca de la misión integral que se lograron por medio de las entrevistas con miembros de base y dirigentes intermedios.

La conversión lleva a estas personas a una fusión flexible de lo viejo y lo nuevo, canalizando una identidad formada por la etnicidad indígena que, al mismo tiempo, no es enteramente nueva. Para el joven, el cambio es un cambio de corazón, dándole así una percepción meramente emocional; su conversión se concentra en los sentimientos. Para los adultos la transformación tiene que ver más con valores morales que son moldeados por la cosmovisión nativa.

Dentro de la creencia neopentecostal, la misión es una tarea inevitable. La misión se concentra exclusivamente en «ganar almas». La responsabilidad de compartir y expandir su manera particular de vivir la fe cristiana se entiende como el más grande propósito de la vida. Todos los entrevistados expresaron su énfasis en aspectos espirituales, las necesidades espirituales como prioritarias y las necesidades materiales como secundarias. La misión, por tanto, se desliga del contexto socio-político-económico.

Los nuevos creyentes adoptan el evangelio de Jesucristo con un compromiso intenso que se combina con una actitud que no selecciona personas o lugares. No es importante para ellos compartir su testimonio con parientes, hay una apertura más amplia que incluye una variedad de personas e influencia. Los creyentes antiguos, por otro lado, estratégicamente perseveran con su familia extendida y con sus amigos. Todos ellos practican su comunalidad aimara cuando evangelizan o hacen discípulos. Los dirigentes intermedios se dedican al proselitismo con más ganas tan solo para ganar más conversos a su nueva fe. El pastor Guachalla, como líder máximo, juega el rol peculiar de iniciar a otros en la fe cristiana y que demuestra muchas de las características del *yatiri* tradicional.

El sistema global ejerce su poder incontrolable dentro de los neopentecostales de la IPdD, moldeando su identidad por un lado y al mismo tiempo reafirmando el legado aimara. Se pueden observar características occidentales obvias pero dentro del marco de referencia de las costumbre indígenas tradicionales. La parábola de la semilla y la maceta, el paradigma de la encarnación o el principio de la aceptación y separación que el apóstol Pablo utiliza han sido adoptados por los pentecostales. No se trata de una respuesta racional al entendimiento de la Biblia sino una consecuencia de su propia naturaleza indígena.

Capítulo 5

Identidad aimara de la Iglesia Poder de Dios

La identidad social

Los aimaras que asisten a la IPdD se embarcan en una búsqueda espiritual para responder a la ruptura que su estilo de vida ha sufrido por haber migrado a La Paz y seguir en la pobreza. Buscan la ayuda espiritual neopentecostal influenciados por la vitalidad del aspecto religioso de su trasfondo cultural indígena.

Para el aimara, la fuerza vital de la vida viene del ser interior y se sitúa en lo más profundo del alma de la persona, en el espíritu mismo, allí donde no se puede ver pero que es tan real o aún más potente que lo que se ve. La identidad cultural aimara es animista porque cree que el cosmos —con su indivisible integralidad e historia— posee una fuerza vital, tiene espíritu, tiene alma. No solamente los hombres y las mujeres se relacionan y conviven, sino que todo el universo se relaciona y vive integrado.

Sin lugar a duda, las consideraciones estructurales así como las sociales, políticas, económicas y culturales han afectado la decisión de los aimaras para adoptar la identidad neopentecostal. Pero, a nivel individual, las fuerzas espirituales han estado involucradas. La interacción de los elementos estructurales e individuales han transformado la identidad aimara desde una religiosidad católica aimarizada a un neopentecostalismo activo. Con los miembros de la IPdD, los procesos de identidad individuales y sociales están presentes. La decisión de adoptar el neopentecostalismo se relaciona con las macroestructuras que afectan su vida diaria. Los actores sociales institucionales les ofrecen una nueva identidad pública, y así han podido moldeado su identidad personal aimara para ajustarse a la identidad neopentecostal propuesta, integrando autonomía como individuos y autocontrol en esta nueva configuración social. Como veremos en este capítulo, en el análisis de las fuentes primarias, el entendimiento de su nueva situación es una combinación de la estructura en general y los contextos indígenas locales, ambos han sido incluidos en la construcción de su identidad.

Para los aimaras nacidos en la ciudad, las modificaciones más intensas de la conversión ocurren dentro de seis meses porque la vida y las circunstancias cambian más rápido en el área urbana. Para los que nacieron en el campo y han vivido en la ciudad por lo menos cinco años, el cambio toma más tiempo porque las mutaciones socio-religiosas ofrecen más resistencia y ocurren lentamente. A primera vista, el estudio indica que después de la fase inicial de conversión al neopentecostalismo, los aimaras experimentan otra mutación en la cual ellos retornan parcialmente a la cosmovisión antes de la conversión. El estudio de los grupos focales indica que este retorno generalmente ocurre dos años o más después de la conversión. Algunos de los hallazgos en los diálogos de los grupos focales revelan expresiones de identidad paralelas con la religión popular indígena (esto es, nuevas estructuras religiosas que combinan la experiencia neopentecostal con la etnicidad aimara); una conciencia creciente y cambios en los derechos de las mujeres; y relaciones cambiantes entre el campo y la periferia urbana, entre lo local y lo global.

Para entender la identidad religiosa de los aimaras neopentecostales, se requiere familiaridad con sus prácticas religiosas. Manifiestan demostraciones específicas, conscientes o inconscientes, de la cultura aimara en sus vidas diarias, en el trabajo y en el culto. Estas se pueden ver en el evangelismo, cuando se recaudan fondos, en el uso del folklore, la música, la danza y el idioma, en las profundísimas creencias indígenas que dan forma a las importadas y viceversa y en la estrategia del trabajo de la iglesia.

Hablar de la identidad aimara hoy es hablar de la vigencia y vivencia de un pueblo que supuestamente se ha identificado como católico romano desde hace cinco siglos. Si bien, por un lado han incorporado en su cosmovisión valores éticos occidentales y de origen cristiano, por otro lado, sigue siendo culturalmente aimaras, y su propia identidad se ha vuelto más definida y firme a lo largo de los siglos desde la llegada de los europeos. El neopentecostalismo posee un impacto catalizador en este proceso de desarrollo. ¿Qué piensan los aimaras neopentecostales acerca de sí mismos y acerca del mundo? ¿Cómo conciben el mundo material y espiritual? ¿Qué identidad nueva les ha provisto su experiencia neopentecostal?

Prácticas cotidianas y relaciones en la familia

La vida familiar es fundamental para la existencia humana. Se ha observado en varios contextos aimaras que las comunidades compuestas por familias demuestran ser baluarte de las tradiciones sociales, morales y religiosas, lugar donde se constituye la identidad social y defensores y facilitadores de valores modernos y de cambios.

El aillu

Los aimaras poseen una definición de comunidad que se expresa en términos étnicos por la palabra «aillu». Este término da a entender la comunidad rural, que posee unidad social y territorial y se caracteriza por la reciprocidad y la solidaridad. En otras palabras, por la habilidad de combinar las necesidades individuales, familiares y comunales, en armonía y reciprocidad con el medio ambiente. Los escenarios urbanos producen adaptaciones aimaras comunales y familiares inesperadas, con lazos culturales que se basan en tradiciones y que conducen a distintas relaciones de parentesco. El deseo de pertenecer a una comunidad aimara específica es fuerte, tanto en los que han migrado a la ciudad como en los que han nacido allí.

En la infancia los aimaras aprenden, guiados por sus padres y por la comunidad, que cada parte de la vida tiene un significado espiritual, esto es, que pertenecer a la comunidad es algo sagrado. La reciprocidad y solidaridad aimaras son los cimientos de la vida en comunidad en las áreas rurales. Esto significa compartir la tierra, la comida y todo recurso material y no material. En las áreas rurales, debido a la agricultura y la artesanía, estos cimientos socioculturales tienen hasta el día de hoy un firme arraigo, están bien organizados y son eficientes, algunas veces excluyendo a aquellos que no son parte del aillu, especialmente si no son aimaras.

Al emigrar a la ciudad, la estructura del aillu rural se desintegra, pero se vuelve a construir y restaurar de una manera creativa y poderosa en su nuevo entorno urbano. Una pregunta que surge y que se debe responder es la siguiente: ¿están creando los inmigrantes aimaras una versión urbana del aillu, el cual es originalmente rural? ¿es la iglesia una extensión del aillu?

El aillu rural integra la vida religiosa, donde cada aspecto tiene implicaciones espirituales. Mientras que el significado espiritual ha sido reubicado al entorno urbano, ello presenta una oportunidad para construir nuevas prácticas con significados similares. La visión del mundo y de la vida occidentalizada, compartimentada, dividida, separable, no es, a pesar de todo, la visión y el entendimiento de los aimaras. De manera similar a los cristianos del primer siglo, su experiencia de vida es integral y holística. Para muchos aimaras, los neopentecostales llenan un vacío religioso y social. La IPdD enseña a inmigrantes aimaras urbanizados cómo vivir en un nuevo contexto junto a una personalidad indígena.

Las relaciones de género

Después de la conversión, las mujeres aimaras urbanas (las que nacieron en la ciudad) y urbanizadas (las que llegaron del campo) continúan siendo las encargadas del hogar y cuyo número de hijos en promedio es cuatro. Actitudes discriminatorias en contra del género femenino son comunes dentro del hogar. Sin embargo, en décadas recientes, ha ocurrido importantes cambios que demuestran una mayor simetría en las relaciones hombre-mujer. Se mantiene la autoridad tradicional masculina en tanto que las mujeres exigen una mayor autonomía y participación de los varones en las tareas domésticas como la limpieza, la cocina, la educación y el cuidado de los hijos. Dos mujeres de la IPdD, nacidas en el campo pero que ahora viven en la ciudad, expresaron lo siguiente: «mi esposo me ayuda a cocinar, a lavar la ropa y a enjuagar». Su compañera, nacida también en el área rural, nos confirmó: «ambos nos ayudamos y nos alternamos cada día, excepto en casos de emergencias».

Los roles de esposo y esposa son más abiertos y rotativos dentro del hogar neopentecostal contemporáneo, aunque si bien estas señales de «democracia» algunas veces encubren un machismo tácito. Sin embargo, la jerarquía del varón está debilitándose y siendo transformada sutilmente. Un aimara varón nacido en la ciudad dijo: «desde que estoy con mi esposa, no me gusta decir que son cosas de mujer, no soy machista, hablo con mi esposa y hacemos todo juntos». Este compartir de las tareas domésticas no siempre ha sido parte de la rutina social de los aimaras. Sin embargo, el desbalance que se percibe en las tareas y los derechos en torno a las relaciones familiares alimentados por el parentesco ceremonial aimara son más horizontales en el contexto de los miembros de la IPdD.

En países pobres como Bolivia, las familias con recursos económicos insuficientes dependen mucho de la familia extendida. Los padres, los hermanos, las hermanas, los tíos y los abuelos trabajan juntos para enfrentar las dificultades de la vida uniendo esfuerzos en formas que no serían posibles en la familia nuclear. Para asuntos como la comida, el trabajo, la salud y, ahora para los propósitos del neopentecostalismo, las familias extendidas refuerzan sus vínculos de parentesco.

Sin embargo, los neopentecostales no esperan dejar el hogar antes de independizarse económicamente. La educación y la socialización que reciben en la iglesia hace que adopten conductas más individualistas y, como resultado de ello, se logran formar familias nucleares más pequeñas. El hogar se ha convertido en un núcleo cada vez más independiente física y económicamente de la familia extendida, aunque se sigue manteniendo vínculos fuertes entre hijos, padres, abuelos, nietos, tíos y tías.

La relación entre padres e hijos tiende a transmitir patrones patriarcales moderados. Tanto el padre como la madre enseñan a sus hijas habilidades domésticas y a tener aspiraciones académico-profesionales moderadas. Los hijos, por otro lado, reciben una formación que los llevará a ocupar un importante rol en el mundo religioso, social y económico. Algunos padres expresaron el deseo de que sus hijos lleguen a ser pastores u obreros de la iglesia. El patriarcalismo familiar se fomenta en la iglesia por medio de sus estructuras organizacionales y ceremoniales y también en la sociedad boliviana en general. En cuanto a este aspecto, la iglesia parece llenar el vacío dejado en las vidas de las generaciones jóvenes que decidieron distanciarse de la familia extendida.

Sirwiñacu

Los aimaras rurales tienen una costumbre llamada *sirwiñacu*, que es un término quechua-español y que significa literalmente «servicio mutuo». Expresa un concepto precolonial de que para que un matrimonio funcione bien, se requiere de un tiempo de prueba consensuado antes de la ceremonia entre la pareja, las familias y la mirada atenta de la comunidad. Antes del matrimonio oficial, hay un tiempo donde la pareja convive, por lo general, durante un año y en el que se mantiene la fidelidad entre la pareja antes y después del matrimonio.

A lo largo de los siglos el *sirwiñacu* ha funcionado de manera exitosa como una forma de control social, haciendo de la familia el fundamento de la comunidad y manteniendo el divorcio en un porcentaje menor al uno por ciento en las áreas rurales. Sin embargo, no es este el caso en ciudades como La Paz, donde los acuerdos no siguen el mismo patrón social o no ejercen la misma presión y control social. Pese a ello, los aimaras urbanos han adoptado el *sirwiñacu* y algunos miembros de IPdD aceptan esta práctica.

Mientras evangélicos tradicionales rechazan radicalmente el *sirwiñacu*, algunos neopentecostales lo están adaptando en su nueva identidad urbanizada. Las expectativas para el futuro cambian rápidamente cuando la vida agrícola, rural y pobre es remplazada por la mentalidad occidentalizada, que gira en torno a la educación formal y en las facilidades que ofrece la industria.

La educación

En el contexto de pobreza y de las políticas gubernamentales de educación, la IPdD ha sabido transmitir la meta de estudiar en la universidad a sus familias neopentecostales. Los valores extranjeros moldean y son impuestos por la experiencia de haber crecido en situaciones de extrema pobreza.

El futuro depende de haber recibido una educación y llegar a ser profesional. Las metas para el futuro reflejan los valores aimaras y las tendencias modernas de la gente urbana más que las enseñanzas del evangelio. Pareciera que para los miembros aimaras, la IPdD es un puente entre la vida rural, animista y la cosmovisión occidentalizada, individualista y urbana. La educación para sus hijos, especialmente en la universidad, representa la mayor aspiración de la mayoría de las familias.

La laboriosidad

Los miembros de la IPdD también demuestran tener la laboriosidad aimara en el trabajo, la perseverancia y el esmero para la subsistencia. Cada día, incluso los fines de semana, la mayoría de los participantes, que incluye algunas de las mujeres, empiezan temprano en la mañana, cerca de las 5:00 a.m. y para ir a descansar se acuestan a la media noche. Las mujeres, además de trabajar fuera de la casa, cumplen con las tareas domésticas del hogar. Con sólo algunas excepciones, los miembros de la IPdD trabajan en la economía informal bajo condiciones de explotación y de extrema dureza. Tanto las esposas como sus esposos, y frecuentemente los niños también, recibe un pago muy bajo por su labor.

Los padrinos

Las bodas, los bautismos, y los traslados de casa son ceremonias donde se fortalecen los vínculos de parentesco. Se eligen a los padrinos aimaras, quienes no necesariamente son parientes, para que participen en fechas especiales, ceremonias de iniciación y ritos de paso. La estructura social, así como la educación de las nuevas generaciones, se basa en este tipo de relaciones. Toda aquella serie de acontecimientos sociales de carácter ceremonial provee a la pareja y a la familia lo que necesita para establecerse y transitar por las etapas de la vida acompañada de un sentido de pertenencia, con deberes morales que cumplir y con suficientes obligaciones sociales hacia los parientes, compadres, vecinos y amigos por el resto de su vida.

Los aimaras neopentecostales han cambiado el significado del parentesco ceremonial pero no su práctica. Algunos de ellos han otorgado nuevos nombres a antiguas relaciones. Por ejemplo, ahora se tienen «testigos» en lugar de «padrinos», que los acompañarán en las celebraciones especiales como los bautismos y las bodas. La práctica, sin embargo, se mantiene y se refuerza por pertenecer a la misma fe e iglesia.

La persistencia y el cambio conviven juntas en el contexto más amplio de toda la cultura e interactúan en el núcleo doméstico, la familia extensa, el parentesco ceremonial y la comunidad de fe, en la cual estos evangélicos neopentecostales viven constantemente absortos. En la vida cotidiana, las tendencias modernas se manifiestan en muchas esferas de la vida y, como resultado de ello, suceden transformaciones, adaptaciones y cambios.

La participación en movimientos sociales

Debido al trabajo que las mujeres creyentes de la IPdD realizan en los mercados abiertos abarrotados de gente, con frecuencia sentadas en el suelo para revender sus productos, se han involucrado en organizaciones sociales, sindicatos, clubes de mujeres y juntas vecinales con el fin de mejorar sus condiciones de vida. Los nuevos creyentes varones tienden a ser más recelosos y apáticos respecto a asuntos de carácter cívico y la política, al menos al inicio. Los testimonios recibidos indican que, después del período inicial de conversión, los miembros de IPdD se animan a participar más en movimientos sociales y sindicatos. Las mujeres se unen a los sindicatos de vendedoras de la calle, de artesanas y vendedoras de comida, mientras que los hombres lo hacen en las juntas de vecinos y los sindicatos ligados a sus centros laborales o las labores tradicionales de su grupo étnico. Por lo general, los hombres dirigen estas organizaciones cívicas, aunque esto puede ser flexible. Muchas organizaciones se complacen en recibir a cristianos en cargos dirigenciales, especialmente cuando se trata del manejo de dinero, porque es ampliamente sabido que los evangélicos han dejado de mentir y robar, y por tanto son confiables.

En muchas culturas, tanto los hombres como las mujeres ocupan roles complementarios y distintos, que producen consecuencias sociales naturales. En la cultura aimara, a la mujer se le asigna el papel de administrar el hogar, mientras que el hombre opera en el escenario político-legal. Se llega a suscitar un conflicto o una actitud de indiferencia hacia el género complementario si no hay un apoyo tácito a esta diferencia entre los géneros. El papel que juega el hombre afirma y complementa las tareas de la mujer. Sin embargo, tanto el hombre como la mujer guardan y desarrollan un valor relacional de la cultura aimara: la vida en comunidad. Esto se lleva a la práctica en los movimientos sociales surgidos espontáneamente en zonas pobres como medios de sobrevivencia.

Hoy en día, los aimaras que han sido afectados por el impacto del neopentecostalismo, se han convencido de la necesidad de participar en organizaciones sociales y con ello compartir también su fe. Respecto al tema de la participación ciudadana, los hombres tienen una postura distinta, más religiosa y crítica. Una vez más, aquí podemos ver una diferencia notable entre los antiguos y nuevos conversos. Luego de un período de alejamiento, los cristianos neopentecostales tienden a retornar a la participación ciudadana pero no a partidos políticos sino a espacios cívicos. Los partidos políticos, como representación ciudadana confiable, han perdido toda credibilidad en Bolivia y no solo entre los evangélicos sino también entre los que han preferido mantenerse alejados de estos.

Las medidas en forma de protestas sociales que se llevan a cabo por medio de marchas, bloqueos de caminos, huelgas de hambre, cercos humanos a entidades o ciudades enteras y que son muy típicas en esta parte del mundo, son procesos populares de participación política mucho más efectivos como instrumentos de presión y reivindicación social. Hace falta una mayor investigación de la participación de los evangélicos neopentecostales en la política y en las nuevas formas de movilización social. A pesar de que los cristianos evangélicos han venido realizando una importante contribución al liderazgo nacional de los movimientos sociales indígenas desde la década de 1950 y han jugado un papel activo y servido a las necesidades sociales y políticas de la población mayoritaria del país, parece que los nuevos evangélicos han tomado un paso atrás.

Las organizaciones cívicas operan como medios para encontrar o generar empleo, vinculando a los ciudadanos con las iniciativas corporativas o cooperativas por más empleo y mejorando los servicios públicos y las infraestructuras. Por lo menos una vez al año, las organizaciones cívicas sirven de canales para la distribución de alimentos que han sido donados por instituciones de caridad o el gobierno y que sucede en la Navidad o en otro evento local.

Las necesidades comunales e individuales se suplen gracias a la creación y el equilibrio de la intervención social, cuyo fin es la sobrevivencia. Los valores y las estructuras internas de la comunidad se adaptan y mantienen por medio del apoyo que ofrecen las organizaciones de base. Los sindicatos, los clubes de madres y las distintas clases de asociaciones de empleados, desempleados o vecinos, parecen provenir de Occidente, producto de la modernidad del siglo xx, pero en el caso de los aimaras urbanizados, estos sustituyen los auténticos valores étnicos auténticos y las necesidades sociales, como la reciprocidad.

La noción de que los neopentecostales nativos cambian y estigmatizan la identidad religiosa indígena es un prejuicio y equivocación nuestra. La propia IPdD es un espacio donde los indígenas han encontrado nuevas estructuras sociales, que ellos mismos se las han apropiado y reinventado con eficacia con el fin de suplir sus propias necesidades y propósitos. Los aimaras nativos trastornan su propia condición religiosa para sus propios propósitos y hallan maneras de resistir a los paradigmas importados. Entonces ¿en qué consiste la nueva identidad aimara neopentecostal? ¿Por qué y cómo han logrado reforzar raíces antiguas y crear nuevas? ¿Han realmente combinado dos fuerzas sustancialmente contradictorias? ¿Será que están organizando su propia transformación, la cual está siendo impactada por el evangelio neopentecostal?

Un firme y pertinente sincretismo no sólo se aplica al campo religioso, tal como se entiende comúnmente, también es algo general a toda la cultura, tal como se observa en el caso de las organizaciones cívicas aimaras. Una vez más, es importante recordar que afirmar el desinterés de la cultura es un pensamiento reduccionista y equivocado. Los aimaras no son así, no conciben su existencia ni se comportan de esta manera. En otras palabras, para ellos la identidad cultural es un sistema de vida integrado, holístico. Por tanto, es necesario que se explique esto en términos de teorías que aborden el asunto en su totalidad. Por lo general, la etnicidad religiosa se aborda como si fuese una máquina que puede ser reconstruida y construida pieza por pieza. Este no es el caso de los aimaras. No se puede entender la complejidad y la riqueza de la etnicidad sin prestar atención a su interconectividad con todo el mundo.

Enfrentando situaciones de crisis

En situaciones de crisis (enfermedad, muerte, desempleo, alcoholismo) los neopentecostales mantienen su cosmovisión aimara tradicional, pero esta se encuentra debilitada. La vida urbana funciona como factor desestabilizante temporal para las raíces indígenas aun antes de que la iglesia se involucre. La IPdD afecta profundamente estos aspectos relativamente debilitados, sin que se rechace conscientemente el pasado aimara, incluyendo sus valores y creencias. Sin embargo, las nuevas adaptaciones de la identidad religiosa, en un contexto como el neopentecostal aimara, pueden acentuar la afirmación de la identidad.

En esta sección, se ofrece una descripción y un análisis detallado de la manera en que los participantes de la IPdD afirman, en sus declaraciones y por lo menos en principio, su unánime rechazo de las creencias tradicionales respecto al retorno de las almas después de la muerte. Sin embargo, las mantienen dada la manera en que muchos describen cómo entierran a sus muertos, cómo observan el Día de Todos los Santos, cómo se enfrentan a las enfermedades terminales y observan el luto. Se mantiene una cosmovisión animista y ritualista porque se continúa creyendo que hay una relación animista con los que han muerto. La muerte es una experiencia que se vive con una considerable intensidad debido a las convicciones respecto a las fuerzas naturales que operan sobre los seres humanos.

En situaciones de enfermedades terminales, el primer recurso de los aimaras neopentecostales es la oración, luego recurren a los médicos y las medicinas modernas. Después, algunos de los miembros de esta iglesia consultan a los especialistas religiosos aimaras y médicos naturistas (los *yatiris*). Están convencidos de que los espíritus de sus parientes muertos vagan por todas partes y pueden aparecer en cualquier momento. Después de morir, los muertos pasan a ser habitantes del mundo invisible, el cual es todavía muy real e importante. Esta creencia se basa en una noción de la vida espiritual que los neopentecostales han sabido adaptar. Por ejemplo, en lugar de la novena (misa católica de nueve días por el fallecido), llevan a cabo una vigilia o un ayuno por el mismo número de días, esto es, por nueve días (a veces por siete días) luego del sepelio. La creencia que los espíritus de los ancestros caminan, se aparecen y tienen el poder de hacer que la gente se enferme o que llore, es contraria a lo que los cristianos neopentecostales vienen enseñando.

El luto cristiano evangélico se debe caracterizar por la gratitud y la esperanza. Los aimaras, por lo general, poseen una visión fatalista de la muerte, esto es, que está cargada de miedos, tristeza e incertidumbres. Los ritos que los neopentecostales han reinventado respecto a la muerte, permiten también manifestaciones de duelo y profundo lamento durante las vigilias que llevan a cabo toda la noche. En las ceremonias públicas de duelo, como en los velatorios, las procesiones y los sepelios, los cuales son visibles, el comportamiento es obviamente más controlado socialmente. Pero, en lo privado, como la creencia en las almas que retornan, su profunda visión comunal de la vida es mucho más resistente a nuevas alternativas. Las creencias tradicionales permanecen en pie. La cosmovisión indígena persiste con alteraciones menores, pero los cimientos continúan siendo aimara. El cristianismo va transformando gradualmente los aspectos y las conductas de estas perspectivas que alteran la vida. Sin embargo, la identidad fundamental sigue siendo aimara.

Algunos dirían que las fuerzas unificadoras de la etnicidad aimara se vuelven negativas cuando las costumbres de la comunidad involucran al alcoholismo. Entre las comunidades andinas aimaras que viven en el campo, el consumo de alcohol sucede siempre en un entorno social. La gente del campo sencillamente no consume bebidas alcohólicas en forma individual, tampoco desarrolla dependencia al alcohol ni produce bebidas para emborracharse. Sin embargo, en el contexto urbano occidentalizado esto se pervierte y el hombre más que la mujer se inclina por el consumo privado de alcohol.

Algunas mujeres y hombres ven el consumo de alcohol como algo necesario porque creen que emborracharse en grupo les garantiza que conseguirán empleo o seguirán en este. Si bien es cierto que las mujeres y sus hijos son víctimas frecuentes de la violencia física y emocional generada por el alcohol, siguen teniendo una actitud pasiva respecto a este. En estas situaciones, el neopentecostalismo juega un papel importante cuando alienta a sus miembros a que perseveren en la vida cristiana y hagan de la fe su centro. Para otros, la violencia tiene relación con el legado ancestral. Los aimaras mantienen un profundo respeto por el legado ancestral, sea cual fueren los cambios religiosos que les estén ocurriendo, ya sea en su encuentro con el catolicismo o con la fe neopentecostal y sea cual sean los patrones de conducta que sus ancestros adoptaron. Ciertamente siguen creyendo que las maldiciones y las malas conductas forman parte del legado que recibieron de parte de las generaciones anteriores.

Un paradigma neopentecostal importante para los aimaras es lo que ellos perciben como el libre acceso a la llenura del Espíritu Santo. El poder del Espíritu de Dios, como ellos lo ven, es accesible y está disponible para todo creyente por igual. No se necesitan mediadores, cada creyente puede alcanzar la sanidad y lograr la victoria sobre Satanás. El nuevo nacimiento en la fe neopentecostal viene acompañado por la convicción de que los creyentes son los elegidos y los que además han recibido el Espíritu Santo. Esto viene con empoderamiento personal y con la habilidad de realizar milagros, en particular, milagros de sanidad. Todos, no solo los especialistas, tienen acceso al poder espiritual. Los pastores pentecostales en el entorno religioso aimara aprovechan la mediación especial de poderes después de haber sido empoderados por fuerzas sobrenaturales. Sin embargo, los miembros de la IPdD han dejado de anticipar la mediación de sus líderes para la sanidad y la lucha espiritual. El poder del Espíritu Santo ha sido dado a cada converso y el ingreso a la poderosa presencia de Dios es de libre acceso para todos.

¿Por qué tanta gente se convierte al evangelio neopentecostal? ¿Qué es lo que tanto atrae a los aimaras a la IPdD? Las razones no son del orden intelectual, no es la búsqueda de la sana doctrina, tampoco es por un vacío de creencias o para compensar una ignorancia espiritual. Son primordialmente las situaciones de crisis las que llevan a la gente al evangelio, la respuesta que encuentran a situaciones de extremo sufrimiento determina si se quedan o no en la iglesia. En la cultura aimara es extremamente importante afrontar las crisis de la vida apoyándose en su creencia de armonía integral con el cosmos por todo el ciclo de la vida: el nacimiento, la *rutucha*, el servicio militar, el matrimonio, la tercera edad y la muerte. La armonía del cosmos incluye las crisis de salud, las enfermedades, la desnutrición, las crisis agrícolas relacionadas a las épocas de la siembra y la cosecha, como las sequía y las inundaciones. En todas estas situaciones, el personaje clave de la comunidad es su agente religioso, el *yatiri*.

En el entorno urbano se añaden al menos tres crisis relevantes para las cuales los ritos tradicionales aimaras no tienen respuestas: la crisis del alcoholismo, la crisis de la violencia familiar cuya típica víctima es la mujer y la crisis de la pobreza urbana con sus aspectos de desempleo y bajos salarios. Por lo tanto, muchos se convierten al neopentecostalismo con el fin de resolver estas crisis aimaras no tradicionales. Los ritos de la IPdD abordan las crisis del alcoholismo, la violencia intrafamiliar y el desempleo como si fuesen enfermedades originadas por el pecado o la posesión de demonios. Entonces, la iglesia ora por ellos y unge a los enfermos; por su parte, los creyentes oran contra el alcoholismo, se comprometen a pacto de prosperidad y exorcizan a demonios.

En casos extremos de vida o muerte, donde haya enfermedades terminales o la presencia del mal, la cosmovisión aimara ha logrado influenciar a la experiencia neopentecostal. Se generan nuevas dimensiones creativas y dinámicas cuando se enfrentan a situaciones de crisis y, por medio de ello, la identidad neopentecostal sufre un reajuste. El creyente neopentecostal quizá llegue a creer que sólo las fuerzas espirituales están en juego, pero otros diversos factores están presentes en la situación, tales como la educación, la pobreza, el idioma y el desempleo. En la IPdD una variedad de símbolos encaja con el fin de armar un sistema religioso coherente, símbolos cuyos significados multivalentes se usan simultáneamente, como la creencia en el retorno de las almas. Estas experiencias heterogéneas se integran a la identidad por medio de símbolos unificadores, como el uso del aceite que ha sido consagrado.

Agentes religiosos, ritos y festividades aimaras

En la cosmovisión aimara, el acceso a las deidades tiene que suceder por medio de los especialistas, quienes son intermediarios exclusivos. Sin embargo, en la IPdD, se logra acceso a lo divino de manera personal y directa. Por tanto, existe un tipo de mediación espiritual fetichista de parte de su dirigente, especialmente en el uso del aceite que ha sido consagrado por el mismo dirigente con el fin de ungir a los enfermos. Esto no Sin embargo, con ello no se sugiere que haya una forma dominante de intermediario. Hay libertad para la creatividad y la acción individual y se alienta a que la gente tome la iniciativa.

Los antiguo conversos neopentecostales tienden gradualmente a retornar no sólo a su cosmovisión simbólica aimara sino que también vuelven a practicar algunos de los ritos aimaras. Las creencias y los ritos parece que perduran y siguen siendo practicados, lo antiguo y lo nuevo se combinan y contrastan algunas de sus características.

El principal protagonista religioso aimara juega un papel activo en la celebración de las festividades públicas especiales y en los días de las fiestas patronales. Los neopentecostales evangélicos de la IPdD rechazan públicamente (por lo menos en teoría) las fiestas paganas de los santos patrones porque las consideran idólatras y porque se asocian siempre con borracheras. Sin embargo, al nivel de las bases, cuando se organizan festividades en los centros laborales o en los vecindarios, las creencias, las emociones y las motivaciones aimaras salen a la luz.

Este rechazo parcial que los neopentecostales demuestran contra el paganismo otorga a los miembros de la IPdD nuevas oportunidades para establecer vínculos más estrechos con la familia y ser más productivos y dedicados al trabajo. Esto, a su vez, mejora la calidad de sus lazos con la familia nuclear y consecuentemente su bienestar.

El tiempo y el dinero que se solían invertir en las fiestas patronales son ahora reutilizados en las necesidades de la familia y del trabajo. El dinero ya no se gasta en bebidas alcohólicas, vestimentas para las fiestas o en las cuotas que se tenían que pagar por el derecho de participar en alguna de las asociaciones de grupos folclóricos. Los conversos neopentecostales tienden a participar cada vez menos en las expresiones simbólicas animistas católicas y de la identidad religiosa aimara, lo cual corre el riesgo de romper antiguas amistades y generar consecuencias negativas. Sin embargo, todas las dimensiones de la reconstitución de la identidad se redirigen a reformular y reformar los valores, las creencias y la conducta. Surgen adaptaciones y cambios, continuidad y discontinuidad como una estrategia espontánea para que simultáneamente se rechacen y acepten símbolos. Es imposible ver las intervenciones mencionadas anteriormente como una total y completa ruptura con los vínculos paganos, tal como enseña la predicación evangélica, pero al mismo tiempo no hay continuidad sistémica con las costumbres tradicionales.

Las fiestas patronales andinas refuerzan los vínculos comunitarios por medio del acceso colectivo a lo divino. Como resultado, dicen ellos, se renueva la identidad aimara. En estas fiestas hay un intercambio del excedente económico por el prestigio social, los padrinos de la fiesta la financian a cambio de ascenso en el orden social y el reconocimiento. En la fiesta patronal se legitima religiosamente la acumulación económica sin ninguna preocupación ética al respecto, se llevan a cabo procesos de jerarquización socioeconómica con la absolución incuestionable del elemento religioso. Ante esta preponderancia abusiva de los pudientes, la muchedumbre pobre que participa de la fiesta se hunde en la pasividad.

El rol activo que juegan los neopentecostales pobres y que las iglesias como la IPdD promueven, tanto en el ámbito religioso como en el social, se convierte en una especie de «reivindicación social» que ofrece una compensación ante la discriminación que los aimaras sufren en entornos colectivos como las fiestas patronales. La IPdD ha sabido presentar «substitutos funcionales» a los ritos aimaras como los que se dan en las fiestas patronales. Ejemplos de ello se pueden percibir en la atmósfera de fiesta en los cultos de la iglesia, los tiempos de apertura y conclusión de cada culto, los cuales duran tres horas y en los que los cantos de adoración reflejan el estilo de música popular aimara; además, las bandas de música, que ahora son tan imprescindibles en la iglesia así como en las fiestas paganas, tocan música con ritmos nacionales y latinoamericanos.

Para aquellos que no son neopentecostales, las fiestas patronales operan como eventos claves para la autodeterminación, la participación social y la continuidad cultural religiosa, pero ¿qué significado tendrá para los miembros conversos (nacidos de nuevos) de la IPdD? ¿Será que están innovando otras opciones de autoafirmación, determinación de su identidad social y renovación espiritual?

En particular, la variedad de ritos para venerar a la *Pachamama*, estrecha los vínculos familiares. Los lazos familiares y las relaciones comunales son vitales y superan las diferencias étnicas, sociales y económicas. Sin embargo, el neopentecostalismo ofrece un verdadero reto a la continuidad de la identidad aimara tradicional sin llegar a eliminar las raíces fundamentales y los lazos con la antigua cosmovisión. La propuesta de parte de la IPdD podría parecer que ofrece un nuevo compromiso que rompe con el statu quo tradicional y que promueve un revés simbólico de creencias y conductas. En otras palabras, la amplia aprobación de una coexistencia codo a codo con la nueva fe y una oposición a la antigua cosmovisión, significa que cualquier análisis de la identidad tiene que ser flexible y realista. ¿Será posible ver a la identidad evangélica neopentecostal no como una manifestación que excluye las manifestaciones culturales aimaras sino como algo mutuamente complementario? ¿Son fundamentalmente contradictorias o será que el terreno está siendo preparado para interactuar dinámicamente y crear una nueva identidad?

Así como la cultura judía que se gestó a lo largo del Antiguo Testamento, antes de que el globalizante Imperio romano la subyugara, así mismo fue el substrato de la iglesia primitiva cristiana que Jesús y sus discípulos fundaron. De manera similar, la cosmovisión religiosa aimara que se gestó durante tiempos precoloniales, coloniales y republicanos es el substrato de la IPdD y del cristianismo neopentecostal en estos tiempos de globalización. En otras palabras, no hay vacíos culturales, históricos o religiosos donde la semilla del evangelio de Jesucristo germine por sí sola. En el lado andino de Bolivia, el mensaje del evangelio se siembra en terreno indígena, logra germinar y llegar a producir un fruto con sabores, colores y formas que se han formado en este contexto. Ni el catolicismo ni el protestantismo con todas sus adaptaciones, incluyendo la versión neopentecostal, han podido mantenerse inmunes frente a la muy arraigada estructura de la visión religiosa indígena.

Guardar lazos con los ancestros y la vida rural

La ayuda mutua y el trabajo colectivo, común en la cultura rural aimara, permanecen vivas entre los fieles de la IPdD. Sin embargo, el creciente impacto de los procesos de modernización significa que estas prácticas se manifiestan de distintas maneras y que aparentan ser contrarias y distintas de las costumbres tradicionales aimaras. Pero, los valores aimaras han sobrevivido a procesos de choque similares, quizá incluso más fuertes que la actual modernidad y han logrado encontrar maneras de adaptarse a las nuevas circunstancias sin autodestruirse. Por ejemplo, la costumbre aimara de la reciprocidad se extiende a lo largo de todos los niveles de las relaciones, desde los centros laborales hasta la manera en que se toman decisiones en el hogar y permanece una característica fundamental hasta el día de hoy. La reciprocidad constituye la base fundamental para establecer las relaciones sociales y se manifiesta por medio de sólidos y dinámicos mecanismos sociales que aún la familia nuclear, los parientes del campo y los hermanos y las hermanas de la iglesia lo siguen practicando.

Una nueva dimensión en la relación de los aimaras urbanos con sus antepasados y sus comunidades rurales es su compromiso con el trabajo misionero. Las implicaciones de este trabajo misionero tienen varios aspectos: el uso del idioma aimara para compartir la fe, el retorno a los lugares geográficos familiares y por lo menos ciertos vínculos personales con parientes y con cristianos aimaras. Estos testimonios revelan que cuando logran visitar sus comunidades rurales o las de sus padres, los misioneros aimaras comunican su fe neopentecostal y su estilo de vida urbanizado. Ello significa que cuando sus parientes rurales deciden reubicarse, no solo lo hacen a zonas urbanas sino que también se unen a la iglesia. Esto a menudo implica un ajuste doble, esto es, del campo a la ciudad y del catolicismo romano al neopentecostalismo.

La identidad nativa se fortalece cuando los inmigrantes urbanos, tanto neopentecostales como los que no lo son, visitan regularmente las comunidades rurales aimaras. Estas visitas renuevan o reviven sus valores étnicos indispensables. La reforma agraria de 1953, a pesar de sus flaquezas y su alcance limitado por los pueblos indígenas, hirió mortalmente al sistema elitista de terratenientes de las grandes haciendas en el altiplano. Distribuyó las haciendas entre las familias indígenas. Como estrategia cultural, social, económica y política, los aimaras, incluyendo numerosos neopentecostales, mantienen y alimentan los lazos con parientes y sus propiedades en las áreas rurales.

Las estrategias de evangelismo y de trabajo también acompañan el constante intercambio entre el campo y la ciudad. Las celebraciones anuales de las comunidades, que siguen muy de cerca a las estaciones agrícolas, sirven de oportunidad para mostrar que se han liberado del alcohol, demostrar cierta prosperidad y también para predicar el evangelio. Las celebraciones en torno a los ritos de la siembra y la cosecha, junto a las autoridades nativas de dirigentes políticos y religiosos y la distribución simbólica de las cosechas juegan un papel importante en los desafíos que presenta la identidad y la expansión misionera. Los vínculos con el campo son fuertes, la gran mayoría de los inmigrantes no llegan a identificarse totalmente con el estilo de vida urbano. Parece ser que, en cierta medida, la primera generación de inmigrantes urbanos de la IPdD y las anteriores generaciones que nacieron en la ciudad han sabido encontrar el equilibrio con un pie en cada uno de estos mundos.

Rescatar la memoria histórica y cultural, que está en permanente conexión y relación con el lugar geográfico de origen, con los antepasados, los abuelos, los padres y tíos, revitaliza la cosmovisión, fortalece la consciencia respecto a la importancia de reafirmar la etnicidad indígena y abre oportunidades para el servicio y la misión.

Entender la conversión

La conversión masiva al pentecostalismo latinoamericano y boliviano es un fenómeno que causa grandes transformaciones a nivel de las estructuras sociales y religiosas y también a nivel individual. Ello produce consecuencias inmediatas en el ámbito de la moral, espiritual y de la identidad. Cada día que pasa, la gente se convierte al pentecostalismo. Cuando los que pertenecen a la IPdD hablan de su conversión, lo hacen con mucho entusiasmo.

Hay dos caminos que llevan a la conversión: los contactos con familiares y amigos y la experiencia de sanidades milagrosas. El enfoque evangelístico deliberado y el compromiso personal que se da por sentado en la IPdD, los cuales hemos observado en sus cultos, movilizan a los miembros para que inviten a otros e incluso insistan en llevarlos a la iglesia, especialmente con parientes y amigos, con el propósito de lograr su conversión. El crecimiento exponencial de la IPdD es un resultado directo de esta movilización. Para el pentecostalismo, el acto de compartir su fe es un medio instrumental muy importante, incluso más eficiente que los medios de comunicación masiva. La IPdD posee una red de radios y canales de televisión y los aprovecha de una manera eficaz. Sin embargo, estos medios masivos no sustituyen el lugar que ocupan los contactos personales y la manera oral de comunicación tradicional de los aimaras con miras a lograr prosélitos y conversos. La familia, la amistad y el parentesco son importantes en la conversión.

Se puede decir que la cultura aimara es una cultura esencial y básicamente de comunicación oral entre hombres y mujeres.

Otro de los medios instrumentales para evangelizar son los milagros. Las sanidades forman una parte vital de la identidad y la tradición neopentecostal. Los de la IPdD se refieren a ello cada vez que cuentan su experiencia de conversión. «Me hice cristiano gracias a mi enfermedad». «Mi hijo estaba enfermo, me hubiera matado si mi hijo hubiese muerto, pero en un abrir y cerrar de ojos volvió a estar sano».

Los académicos que estudian el asunto de los milagros han sido muy críticos con los milagros o los ven con escepticismo, sospecha o desdén. Sin embargo, desde su conversión, los milagros juegan un papel muy importante en la identidad de los neopentecostales y se reafirma por la certeza de las obras sobrenaturales de Dios cuando enfrentan enfermedades. A sus dirigentes, en especial al pastor principal, se los considera que poseen la capacidad de curar las dolencias del cuerpo y del alma. Pero, en muchos otros casos, también los miembros regulares tienen la capacidad de orar por los milagros y ser testigos de ellos. Tienen la firme convicción de que cada persona es un canal por medio del cual fluye el poder del cielo.

Tal como pudimos observar en este estudio, hay diferencias sutiles entre las razones por las que los hombres y las mujeres buscan la conversión. A las mujeres las motivan las circunstancias familiares: problemas con sus esposos, hijos o yernos y nueras; o por ingresos económicos insuficientes para cubrir los gastos de comida, estudios y alquiler. Por otro lado, los hombres tienen razones más personales: el abuso del alcohol, el desempleo y la enfermedad. Las mujeres buscan un nuevo rumbo en la vida porque enfrentan crisis familiares, mientras que los hombres quieren soluciones individuales.

Básicamente, la conversión se compone de cambios, es decir, la noción de una metamorfosis en la que los neopentecostales dejan de practicar ciertas cosas. La primera y segunda generación de inmigrantes atraviesan ajustes culturales y sociales que redefinen su identidad. Los cambios en la clase y la calidad de trabajo y vivienda redefinen los hábitos y presentan nuevos. Nuevos conceptos, idioma y perspectivas respaldan el choque del nuevo escenario urbanizado que representa la modernización de manera resumida y concentrada. Sin embargo, para los neopentecostales de la IPdD, la conversión añade otro impacto a su identidad etno-religiosa y que trae consecuencias morales decisivas. Ello no quiere decir que su manera aimara de concebir el mundo haya desparecido o que hayan dejado de recordar o que hayan vuelto a construir una nueva identidad a partir de la nada.

La conversión reconstruye espacios de cambio que son mucho más complejos. La manera en que ellos entienden la conversión es como una ruptura con su antigua vida, pero esta ruptura no la abordan en términos analíticos que gira en torno a la razón. Al contrario, abordan su conversión en términos emocionales y espirituales. Se niegan rotundamente a evaluar o criticar su conversión bajo argumentos racionales. Los miembros aimaras de la IPdD que, luego de su conversión, rompen con su pasado, lo aceptan en principio. Pero lo que realmente sucede es que ha empezado a darle una nueva forma y continúan con las practicas premodernas del pasado aimara en el presente moderno y postmoderno globalizado de la ciudad. La conversión es un rito de transición, es una iniciación. La conversión es una decisión muy personal —en ello se ve un antivalor moderno clave: el individualismo— en la que se abandona aquella vida que la iglesia considera inmoral (el alcoholismo, la idolatría y las fiestas) para dar lugar a un nuevo comienzo. Si bien es cierto que la conversión tiene consecuencias inmediatas que cambian las estructuras superficialmente, las estructuras de mayor arraigo ofrecen resistencia y demuestran ser más duraderas. Es probable que se den grandes cambios en la conducta externa, tanto a nivel individual como colectivo, pero la cosmovisión permanece sólida. Las conversiones masivas que ocurren frecuentemente en la IPdD llevan a que la iglesia genere normas de adaptación o amoldamiento y, por consiguiente, conducen a que el paganismo se posicione en la iglesia neopentecostal. El principio de inclusión en la lógica aimara, sin que necesariamente se quiera dar a entender una inclusión ilimitada y descontrolada, elimina cualquier impulso a vivir separado del mundo, y fusiona la conversión a una nueva fe con elementos que se han heredado de la actual cosmovisión indígena.

Motivaciones e intereses para asistir a la IPdD

Hay una ausencia deliberada de parte de la IPdD en la articulación de su discurso y en la formación del esquema organizativo, todo ello es la labor exclusiva del pastor, pero al mismo tiempo es notorio el empoderamiento de los fieles. Cuando los aimaras no pertenecían a la iglesia, recurrían al *yatiri* como mediador. Ahora, la conversión les ha dado la firme confianza de que son ellos mismos los mediadores entre Dios y los hombres. Están convencidos de que cada uno es medio instrumental útil para que el poder de Dios alcance a los demás y para la que el evangelio se expanda por medio de su proclamación. Ahora, sin tomar en cuenta la clase social o la edad, pueden sanar enfermos, anunciar el evangelio y liberar a la gente del tormento de los demonios. Este empoderamiento produce en los aimaras una sensación de que son alguien en la sociedad.

Cada vez que se sumergen en por lo menos uno de los cultos semanales de la IPdD, se «recargan» de poder y se sienten motivados para hablar de Dios con amigos y familiares. En cada ceremonia ritual hay una fuerte sensación de que se logran cumplir los deseos y los sueños, que se sanan las enfermedades y se alivian las tensiones emocionales. Sienten que sus ansiedades y temores han disminuido, al menos durante el tiempo que pasan en la iglesia porque se sienten como en casa. La iglesia se vuelve una extensión del aillu. Los aimaras neopentecostales, que son distintos a la segunda generación de aimaras de la ciudad, llegan a la iglesia sintiéndose confiados, con la certeza de que no serán engañados y que no van a fracasar. En aquel restaurado universo de creencias, la glosolalia, los electrizante éxtasis y la risa santa representan pruebas de que poseen el poder de Dios y de que pueden transferir ese poder a los demás.

El contexto comunitario y el sentido de pertenencia

Las razones por las que la gente asiste a la iglesia tienden a ser variadas y complejas, sin embargo, las hemos clasificado de la siguiente manera. La primera razón por la gente asiste a la iglesia, se debe al ambiente comunitario que encuentran, esto es, buscan un sentido de pertenencia. Pero no todos los testimonios son positivos ya que algunos entrevistados se quejaron del tamaño de la iglesia, la falta de espacio y que se sintieron decepcionados debido al trato impersonal porque erige muros entre la gente. Lo cierto es que es muy difícil demostrar que uno es amigable con su vecino o incluso reconocer quién es la persona que está al lado de uno en el culto de la IPdD, dado la gran cantidad de gente presente y que se congrega tantísimas veces durante muchos años. Es todo un reto vivir en comunidad, en el aillu, en medio de una iglesia tan grande y que sigue creciendo. La gran mayoría de los entrevistados dijeron que tienen pocos amigos en la iglesia. A pesar de ello, la iglesia está muy presente en la vida de sus miembros y los mantiene activos disfrutando de un sentido de pertenencia.

Empoderamiento

La segunda razón por la que asisten y permanecen en la iglesia se debe a la participación y el empoderamiento que reciben. Los que son pobres en términos económicos y casi analfabetos se vuelven ricos y sabios en términos espirituales. Poseen el poder de Dios y este los posee con el fin de sanar. Están convencidos de que la bendición de Dios se ha derramado sobre ellos en abundancia. Durante el día, es una población anónima, que trabaja duro en el sector informal de la economía,[1] pero en la iglesia tienen la plena certeza de que son alguien. Son los que han sido elegidos para formar parte del avance del reino de Dios porque, habiéndose convertido, han sido empoderados, tienen acceso por igual a los dones del Espíritu y tienen entusiasmo y motivación para la expansión de su iglesia.

La sanidad y la prosperidad

La tercera razón por la que la gente se siente atraída a congregarse en la IPdD proviene de una ecuación que contiene dos variables interdependientes: la sanidad y la prosperidad. Frente a la pregunta que se les hace «¿por qué van a la iglesia?» algunas de las respuestas son «para tener una vida mejor» y «para prosperar».

La gente que sufre de malnutrición y que está acostumbrada a sufrir hambre, enfermedades y pobreza encuentra en la IPdD explicaciones confiables y esperanza en su nueva realidad. Están convencidos de que se sanarán o han sido sanados de las dolencias que los aquejan y que la prosperidad financiera ya les ha llegado, aunque aún no la vean. Lo cierto es que en las ciudades o los países donde el pentecostalismo ha crecido y se ha expandido en un gran porcentaje

---

[1] La economía informal es un sistema de mercado o intercambio económico que se ubica fuera del control del Estado y que no paga impuestos al gobierno. Es un fenómeno común en Bolivia, Latinoamérica y muchos otros países del mundo.

de la población, la pobreza sigue en aumento y no la prosperidad. Sea cual sea el *boom* económico o la crisis financiera, lo cierto es que en los últimos treinta años la pobreza sigue en aumento y *no* en declive en América Latina y África. Los datos macrosociales son el reflejo de lo que sucede con las familias e individuos en Bolivia. Algunos neopentecostales sí logran ascender socialmente, pero muchos de ellos siguen en las mismas condiciones de pobreza o incluso peor. Sin embargo, siguen aferrados a la convicción de que Dios les ha prometido la prosperidad en términos capitalistas. Por tanto, el neopentecostal que se considera espiritualmente rico, sigue creyendo que también alcanzará la riqueza económica y será sanado de todas sus dolencias.

La oración y el éxtasis

La cuarta razón por la que se sienten atraídos a la IPdD, se debe a la experiencia de oración y éxtasis. Los entrevistados recurrieron muchas veces a expresiones que describían el éxtasis que experimentaron en términos de «un fuego que penetra el corazón», «que se siente un fuego», hablar en lenguas, un temblor en todo el cuerpo, y siempre asociados con la práctica de la oración y frecuentemente en medio de las reuniones de la congregación. La experiencia religiosa de cada persona es importante e interesante. Desde el primer Pentecostés los creyentes han tenido acceso a la obra y los dones del Espíritu Santo. Este carisma que se manifiesta en el hablar en lenguas, fuego que quema, sanidades y estremecimientos son parte de la experiencia neopentecostal y atraen poderosamente a la gente. Se convierte en un elemento imprescindible en las creencias y prácticas de su nueva identidad. Esto nos lleva a cuestionarnos si de hecho los aimaras de la IPdD o de cualquier otra iglesia neopentecostal buscan en realidad la salvación o el empoderamiento. Su anhelo de tener acceso al poder podría explicar la razón de su devoción, sus esfuerzos por la oración y el ayuno, el deseo de tener experiencias extáticas y hablar en lenguas. Es cierto que necesitan la salvación, pero también necesitan mejorar su autoestima y empoderamiento. Desean lograr estas tres cosas, pero ¿será que alcanzan lo que anhelan únicamente por medio de un entendimiento pleno y entrega a los cimientos de su fe y al evangelio de Jesucristo? ¿o existen otros elementos en juego?

Otro aspecto que merece la pena analizar es el éxtasis que se experimenta en la iglesia comparado con el «estado de exaltación» o éxtasis que se alcanza por el consumo de alcohol en las fiestas populares andinas. Para los pueblos andinos, la costumbre de mascar la hoja de coca y consumir alcohol posee un carácter sagrado. A la coca se la consume más de manera individual, en ambientes seculares como el trabajo; en cambio el consumo de alcohol se reserva comúnmente para ocasiones sociales, a menudo en eventos que se asocian con rituales sagrados como las iniciaciones y las transiciones o durante las crisis donde se recurre al *ch'allado*[2] con el fin de rendir homenaje a los espíritus. El consumo de alcohol se comparte con los dioses andinos y con los adultos presentes, hasta que se logren borracheras espectaculares donde se experimentan ciertas clases de éxtasis. Ello no lleva a cuestionarnos si las experiencias extáticas que suceden en la IPdD cumplen una función similar al éxtasis provocado por el alcohol en las fiestas patronales. Ambas experiencias poseen un vínculo eneludible con elementos religiosos.

La práctica de la piedad

Esta iglesia usa la transmisión oral de ideas de una manera bastante efectiva. Al pastor Guachalla se le reconoce como el principal agente religioso pero ya no como el *yatiri* en círculos aimaras. El pastor ha otorgado a todos los miembros de su iglesia la capacidad y la posibilidad de desplegarse. Sin embargo, manifiestan una considerable dependencia en el discurso y en las formas rituales que se practican en la iglesia. Los miembros de la IPdD repiten de memoria el discurso que su pastor usa e intentan imitar su conducta y estilo de vida ciñéndose a la espiritualidad neopentecostal. Las disciplinas espirituales tradicionales de los protestantes evangélicos han cambiado de forma y contenido en la IPdD. Las oraciones, los milagros de sanidad y el evangelismo basado sus propias experiencias han sustituido el protagonismo que se le da al

---

2   *Ch'allar* significa rociar en el idioma aimara. Se hace el rociado a los espíritus andinos especialmente a la Pachamama como ofrenda sagrada. Consiste en asperjar, libar con bebida alcohólica. Sagarnaga, 118.

estudio de la Biblia en otras iglesias evangélicas. Se percibe que las emociones son más importantes que el pensamiento racional.

La oración

La oración es la práctica piadosa que supera a todas las demás. La oración impregna cada aspecto de la vida. Si se comparan las respuestas a las entrevistas que los hombres dieron con las de las mujeres, estas últimas demuestran mucho más fidelidad y dedicación a la oración. Ya sea en la iglesia, en la casa o en el puesto de trabajo, tanto hombres como mujeres oran y ruegan por la intervención de Dios. Hablan con Dios por medio de la oración con el fin de pedirle al Espíritu Santo por trabajo, salud y por el país. El tiempo que anteriormente lo gastaba en fiestas y borracheras ahora lo dedican a la familia, al trabajo y principalmente a la oración. La disciplina y la prioridad que se le da a la oración y la obra del Espíritu Santo es para beneficio personal, familiar y de la iglesia.

El evangelismo

El marco de referencia de la piedad neopentecostal impregna cada aspecto de la vida e incluye el evangelismo. Ello los impulsa a compartir su fe con sus parientes y amigos, pero consiste en hablar más acerca de su propia experiencia que del contenido del evangelio. Oran intensamente por conversiones. Sus compañeros de trabajo saben que son conversos al neopentecostalismo y que por ello hablan de Jesús. Sufren simultáneamente de aceptación y rechazo por su nueva identidad. Por un lado, hay personas que insisten en conversar acerca de Dios con ellos; pero por otro lado hay compañeros de trabajo que los maldicen y les dicen que son brujas. Hay un fuerte sentido de urgencia que la iglesia les transmite para la evangelización, la cual les predica que tienen la obligación de cumplir con la tarea y que cada creyente debe cumplir su parte.

La combinación de oración, sanidad, evangelismo y exorcismo es evidente. Todo ello está integrado, por ejemplo, en una visita a una persona enferma en el hospital. Una mujer nacida en el área rural, que viste el traje indígena típico de las mujeres y que nos habló en aimara, dijo que no sabía leer la Biblia grande que tenía en sus manos porque era analfabeta pero que llevaba esa Biblia a todas partes, «era su compañera, su amiga, su buena suerte». Esta mujer demostraba ser fiel a la tradición evangélica de tener siempre una Biblia a mano, pero no podía leerla, le daba a la Biblia un significado mágico, lo cual es común en la IPdD.

La lectura de la Biblia

Un asunto importante se aborda aquí respecto a los niveles de alfabetización en la IPdD y la relación entre el nivel de educación de la población indígena que vive en La Paz, el sistema educativo y su metodología y el importante papel que juega el idioma aimara en la formación intelectual de la población indígena urbanizada junto con el simbolismo mágico de los objetos y ritos neopentecostales.

Tradicionalmente, la lectura de la Biblia ha sido una característica importante de la identidad evangélica. Se conoce a los evangélicos como «el pueblo del Libro». Los cristianos no católicos en Bolivia leen y usan su Biblia. Sin embargo, ello ha ido cambiando entre los evangélicos neopentecostales. Lo cierto es que los creyentes de la IPdD leen su Biblia con menor frecuencia que los evangélicos de otras denominaciones más tradicionales; de hecho, su capacidad de estudio y entendimiento de los pasajes bíblicos es más débil. Los factores influyentes detrás de ello son los bajos niveles académicos de la población indígena, la deficiente calidad del sistema de educación boliviano y la tradición oral aimara. Para los aimaras, el alfabetismo (saber leer y escribir) es un valor importado, en cambio la comunicación oral es un valor aimara.

Innovar las prácticas de la piedad

El pentecostalismo latinoamericano no sólo ha cambiado el número de los evangélicos en este continente, sino que también ha cambiado el carácter de ellos. La conversión de aimaras al neopentecostalismo ha significado el desarrollo de una nueva espiritualidad cristiana, con antiguos y nuevos matices pentecostales. Conjuntamente cuando se dejan de practicar ciertas prácticas piadosas, se presentan otras nuevas.

Se trata de un proceso de cambio constante, el cual es posible observar en los cultos de la IPdD. Hay una inquietante búsqueda por lo novedoso, con el fin de encontrar cosas novedosas que capten la atención de la gente. Luego, se asimilan estas prácticas y se añaden a los planes de la iglesia y a la vida de cada uno de sus miembros. El énfasis en la oración, el compromiso con la evangelización y la lectura de la Biblia se combinan con el ayuno, la visita a los enfermos y el uso de los medios de comunicación masiva de la IPdD. Todos estos elementos son fundamentales y en curso para la espiritualidad neopentecostal. Otros elementos como la risa santa, las caídas en el Espíritu y las liberaciones o exorcismos son secundarios y transitorios. La cosmovisión aimara urbanizada da forma a todas estas expresiones de la fe neopentecostal y constituye su ser religioso.

Las manifestaciones de piedad en las que el neopentecostalismo se apoya, se diseminan de una manera eficaz dentro de la congregación y que empiezan gracias a una cuidadosa selección de los ritos y enseñanzas que el pastor Luis Guachalla y su equipo practican. Sintonizar Radio Sol y escuchar sus transmisiones también juega un papel importante en la espiritualidad de los miembros de la IPdD. Muchas de las mujeres que trabajan en los mercados abiertos de La Paz, ya sea sentadas en el pavimento o hacinadas en pequeñas tiendas, escuchan los programas de la iglesia, las reuniones de oración, los cultos de sanidad, las campañas de recaudación de fondos y la predicación del pastor Guachalla. Todo esto es tan solo una breve descripción de lo que sucede a lo largo y ancho de Bolivia en donde la señal de radiodifusión juega un importante papel de comunicación y formación de la opinión pública en las zonas periféricas de las ciudades y en el campo, donde la señal de televisión e Internet aún no han llegado plenamente.

El pastor Luis Guachalla encuentra su material de trabajo, inspiración y medios instrumentales para edificar su marca particular de iglesia en las experiencias de los neopentecostales estadounidenses, brasileños y argentinos. El contenido de sus predicaciones enfatiza la versión estadounidense de la teología de la prosperidad, esto es, «ofrenda más dinero a Dios y él lo multiplicará y te lo devolverá en bienes materiales y dinero en efectivo».

Sin embargo, la fuerte identidad indígena que impregna la iglesia no permite que surjan otros modelos de ministerio. El papel predominante y persistente de la cultura aimara en la IPdD, ejerce una forma de control social respecto al nivel de influencia que se le permite tener a la cultura occidental en la formación de la identidad de sus miembros, en privado y en público, en lo que dicen en sus oraciones, en la manera en que se comportan durante los momentos de éxtasis y en el uso del idioma aimara. Todos estos aspectos trazan un cuadro de una espiritualidad que es nueva, pero también resistentemente aimara.

Observaciones respecto a los dirigentes

El gran factor de atracción que lleva a la gente a afiliarse a la congregación de la IPdD es la predicación y el carisma del pastor Luis Guachalla, quien tiene 64 años y que anteriormente fue pastor de las Asambleas de Dios, denominación pentecostal tradicional y el grupo evangélico más numeroso y extenso de Bolivia. Comparado con la opinión de las mujeres, los hombres son más críticos respecto a los mensajes y conducta del pastor, si bien al mismo tiempo repiten sin crítica alguna sus ideas y discurso. Lo respetan y lo consideran la máxima autoridad pese a que ven como ser humano falible. Sin lugar a duda, el pastor Guachalla es su líder, la figura más destacada, el que posee la capacidad de comunicar y darse a comprender, no por conceptos o postulados académicamente ordenados sino por medio de relatos, historias que a menudo cuenta y que incluyen su propio testimonio como ejemplo. Posee la habilidad de cautivar los corazones de sus oyentes y que con dramática emoción lo señalan como el más querido, el padre de todos.

La evangelización que se practica en la IPdD bajo el liderazgo de Luis Guachalla confirma la validez de la lengua materna aimara. Los resultados de la comunicación realizada en español y paralela o simultáneamente traducida al aimara son sorprendentes. En un inicio, la iglesia no creyó importante el uso del aimara en la evangelización, pero el día de hoy se reconoce la eficacia del uso estratégico de la lengua aimara. Respecto a este asunto, el propio pastor Guachalla recurre al uso del aimara lo más que pueda, considerando que aún sigue aprendiendo el idioma. Sin embargo, la mayor parte del tiempo aún depende de su traductor. La figura del pastor Guachalla encarna la fusión de lo antiguo de la Biblia y con la cultura aimara moderna en el contexto de una metrópolis occidentalizada.

Los miembros de la IPdD por lo general llevan consigo un pequeño frasco de aceite consagrado en caso de que lo necesiten para ungir a los enfermos. Este aceite no puede ser cualquier clase de aceite; debe haber sido bendecido por el Pastor Guachalla. La consagración ocurre cada vez que el pastor ora a Dios por el aceite. De esta manera, el dirigente ingresa a una dimensión imperceptible, en donde las antiguas prácticas aimaras se transforman en algo nuevo. No se unge solo a los enfermos para que reciban sanidad y se conviertan en cristianos; también se unge las ropas, los alimentos y las mercaderías. Los miembros de esta iglesia están convencidos de que cuando se colocan frutas bendecidas en las mesas, los que las consumen se convertirán en cristianos. También creen que los alimentos, la ropa y los muebles adquieren un poder transformador cuando entran en contacto con el aceite ungido. Entonces, ¿quién es el que sana? ¿Dios o el pastor Guachalla? El que sana es Dios, responde la gente común de la congregación, con unanimidad y convicción.

La impresión del pastor es que todos entienden que el poder sanador y de conversión es sobrenatural y proviene de Dios. Sin embargo, por naturaleza la gente clasifica quiénes tienen mayor habilidad para sanar, ungir y convertir; en esta clasificación el pastor Guachalla se ubica en primer lugar, luego viene su esposa, la pastora, después sus parientes.

El talento de comunicador del pastor Guachalla ha contribuido grandemente al notable crecimiento de su congregación. A ello se le suma un flexible y vibrante conjunto de relaciones que agilizan el intercambio, el servicio y la misión. La dinámica de la iglesia es centrípeta, esto es, una tremenda cantidad de energía gira en torno a un eje central en el cual rota el movimiento. Así es como siempre ha operado la iglesia y no hay visos de que esta estructura cambien en el futuro. Guachalla es muy hábil e inteligente para discernir y saber manejar los rápidos cambios sociales que dejan vacíos y perdidos a los aimaras que viven en la periferia urbana pobre. Guachalla ha sabido aprender cómo catalizar estos nuevos paradigmas de la sociedad y aprovechar su uso para los propósitos espirituales y misioneros de su labor.

La IPdD y su modelo occidentalizado y globalizado, ha penetrado y cambiado la cultura nativa de los aimaras. Sin embargo, es tremendamente desafiante bajar al nivel de la gente común de la congregación y conocer sus intenciones, actitudes y observaciones respecto a sí mismos, respecto a la IPdD y el mundo. ¿Cuál es el impacto de la cultura aimara en la experiencia neopentecostal? Al observar y analizar las transformaciones que ocurren en la dinámica del diario vivir, allí es justamente donde la identidad aimara, con todas sus dimensiones, permanece muy activa e influyente en la identidad neopentecostal. Las creencias, los valores y las costumbres aimaras conforman una importante parte de la identidad neopentecostal, así como de su teología y misión.

Conclusión

La iglesia neopentecostal ha logrado que poco a poco los hombres y las mujeres sean más autónomos en las áreas de género, familia extendida y finanzas. También ha logrado que participen más en las actividades de la iglesia. Con ello, se ha logrado cread una situación óptima para la expansión de esta clase de cristianismo al poder dar a la gente un fuerte sentido de autorrealización, porque ahora el converso posee los dones del Espíritu Santo. Sin embargo, aunque la mayoría de los nuevos conversos rechazan temporalmente su cultura indígena, al menos en teoría y algunas veces satirizando muchas creencias aimaras, aquellos que participaron en esta investigación todavía mantienen una relación viva con su cosmovisión nativa. Con el fin de describir la identidad neopentecostal aimara, este capítulo ha analizado la vida diaria de ellos, las relaciones en la familia, sus logros, sus vínculos sociales y su afiliación en la iglesia.

Estas múltiples dimensiones y la tolerancia colectiva de ciertas prácticas podrían denominarse «ambigüedad intencional», la cual conduce a una postura que evita un dualismo intolerante entre lo que ha cambiado totalmente y lo que no ha cambiado. Hay aspectos que han cambiado y otros que no. Sin embargo, en donde hubo cambios la identidad aimara sigue viva y viceversa. Esto se puede comprobar en las siguientes áreas de la vida:

1. Las prácticas cotidianas y las relaciones en la familia neopentecostal
   - Hay una mayor simetría en las relaciones de género aimara cristianas a pesar del machismo evangélico y nacional.
   - La toma de decisiones comunales tienen como objetivo un mayor consenso en las relaciones de la familia nuclear y el resto de los parientes.
   - Se encara la pobreza con tolerancia deliberada. Se acepta como parte de la vida trabajar duro en situaciones incómodas

durante doce horas al día o más, realizar tareas domésticas y cumplir los compromisos con la iglesia.

2. Participación en movimientos sociales
   - Contrario a lo que la dirigencia enseñe sobre no participar en la política, los más antiguos miembros comunes de la IPdD juegan un papel activo en organizaciones de base, reflejando el aillu rural en un contexto urbano.

3. Enfrentar situaciones de crisis
   - No existe señal de conflicto en el tema del retorno de las almas después de la muerte. Los miembros de la IPdD afirman que han dejado de creer en esto, pero mantienen la creencia y práctica en su relación con los ancestros fallecidos.

4. Fiestas, ritos y agentes religiosos aimaras
   - Los neopentecostales conversos por más de dos años gradualmente retornan al simbolismo étnico aimara, a los ritos y agentes religiosos a pesar de que la voz oficial de la iglesia rechaza el paganismo y los aspectos que éste representa.

5. Mantener lazos con los ancestros y la vida rural
   - Los valores tradicionales aimaras, el idioma, las relaciones sociales, las fiestas y las creencias se nutren, fortalecen y adaptan por medio de contactos frecuentes con las comunidades rurales.

6. Entender la conversión
   - Importantes transformaciones individuales y colectivas realmente suceden y el evangelismo y la sanidad se vuelven parte de la vida, pero estos cambios no ocurren en un vacío sino dentro de la cosmovisión aimara que permanece firme.

7. Motivaciones e intereses para ir a la iglesia
   - Cada creyente neopentecostal ha sido empoderado para ser un canal del poder divino. Si bien las motivaciones para afiliarse a la iglesia a veces podrían ser individualistas como, por ejemplo, el deseo de sanidad, las experiencias extáticas y la prosperidad material, la motivación general es lograr experimentar un sentido aimara de comunidad y vida religiosa.

8. Las prácticas de la piedad
   - Cuando los neopentecostales aimaras oran, sanan, experimentan éxtasis y expulsan demonios, es posible identificar una

interrelación holística entre la naturaleza, los seres humanos y el cosmos, es decir, se manifiesta la espiritualidad indígena.

- La Biblia y el aceite usado para las sanidades y que ha sido consagrado por el dirigente, se han vuelto símbolos del poder milagroso.

9. Percepciones respecto a los dirigentes

- Los miembros de la iglesia están convencidos de que las ropas y la comida que ha sido ungida con el aceite consagrado por el pastor Guachalla pueden lograr cambios en la vida y convertir a la gente. Ello nos recuerda las creencias acerca del poder y práctica del *yatiri*.
- Se recurre al uso inteligente y amplio de una comunicación oral que aprovecha los relatos de historias populares.
- El idioma aimara es más expresivo y efectivo que el español en los diferentes niveles de comunicación y en las relaciones interpersonales.

Muchos idiomas y culturas son bidimensionales. Dicotomizan los absolutos tales como lo espiritual versus lo no espiritual, lo racional versus lo afectivo. Los aimaras relativizan los absolutos porque poseen una tercera opción (o más) en su lógica multidimensional. Ello significa que pueden ser bastante tolerantes y pacientes con nuevas propuestas, adaptándolas a su cosmovisión sin ningún sentido de contradicción o conflicto.

La iglesia neopentecostal IPdD es un ejemplo de lo persistente que es la cosmovisión religiosa aimara y que ha sabido adaptarse y desarrollar una simbiosis con esta forma de cristianismo. Algo muy similar les sucedió a los primeros cristianos que heredaron la conciencia judía autóctona. No deseaban cambiar de religión, sino que querían convertir a los demás a su nueva fe, conversión que los trasladaría desde quiénes y qué eran cultural y religiosamente hacia lo que querían creer y ser en Cristo. En última instancia, este proceso lograría transformar algo que ya existía anteriormente en algo que nadie aún había visto.

Capítulo 6

Conclusiones:
fe que indigeniza

Análisis y hallazgos

Las culturas indígenas y las religiones tradicionales juegan un papel clave en el escenario mundial. Han traído consigo su estilo de vida particular con su enfoque prioritario en lo espiritual, de esta manera han enriquecido la experiencia humana y han contribuido mayor profundidad a otras religiones, incluyendo la cristiandad. Los aimaras en Latinoamérica no son la excepción. Los reportajes y las investigaciones en otras partes del mundo muestran también cómo los pueblos indígenas están contribuyendo con formas y contenidos que ensanchan y enriquecen las percepciones integrales de la vida. Las pruebas y tribulaciones que el pueblo aimara ha sufrido durante siglos, viviendo bajo dominación segregacionista, no han sido en vano. Los aimaras un ejemplo de lo que está ocurriendo en el mundo. La interdependencia global que va en aumento ha abierto la puerta para que grupos humanos segregados puedan contribuir, aunque para muchos ello todavía se ve como una concesión en lugar de ser un diálogo de iguales. Por medio de este respeto por un pluralismo constructivo que crece lentamente, hay esperanza de que el ser humano llegue a ser más humano y, tal vez, incluso los cristianos lleguen a ser más cristianos.

El pueblo aimara tiene un sistema operacional propio y maneras autóctonas de representar su religión. Por ejemplo, sus rituales, no son meros actos religiosos, más bien expresan procesos sociales, realidades políticas, intenciones económicas, emociones sentidas y movimientos físicos. Todas estas características forman un paquete completo, un todo unido no sólo en lo que atañe al espíritu o a la mente y el cuerpo por separado; más bien es todo junto y eso es lo que ocurre en los encuentros masivos, ostentosos y vistosos de la IPdD. Los creyentes aimaras, cuando asisten a la iglesia, no lo hacen por razones que son meramente doctrinales o religiosas, sino que lo hacen con expectativas holísticas y entendibles. La conversión a la fe neopentecostal causa un efecto profundo en muchos aspectos de la vida diaria y en las relaciones familiares, y al mismo tiempo refleja varios aspectos profundamente arraigados de su tradición cultural. Los miembros de la iglesia participan en movimientos sociales, lo cual se puede comparar con el papel que juega el aillu en las áreas rurales. Al enfrentar situaciones de crisis, los residentes urbanos indígenas pueden continuar su relación con los agentes y rituales religiosos aimaras revelando así la fuerza de los vínculos antiguos con ancestros y con la vida rural. También, según la manera en que entienden la conversión o los motivos que los llevan a afiliarse a la iglesia, en las prácticas pietistas o las percepciones acerca de sus dirigentes, sin lugar a duda, es evidente que en la plataforma sólida y activa de la iglesia yace una subestructura religiosa indígena.

Al adoptar dos posturas, este estudio se ha opuesto firmemente a la corriente desintegradora y deshumanizante del racionalismo dicótomo moderno. Primero, ha prestado atención a la voz de los aimaras neopentecostales y, segundo, ha investigado los estudios de los expertos científicos sociales, cuya larga experiencia, importante relación e identificación con los aimaras y los pueblos indígenas de Latinoamérica ha sido clave. Con ello se evita una lectura monocultural del grupo indígena del altiplano y los prejuicios de una configuración externa. Por ello, se ha asimilado el saludable influjo de la gente aimara para justamente ser integradores de algo que nunca se lograría separar o jerarquizar, el cuerpo del espíritu o el espacio y el tiempo. Lo que justamente hace a la cultura aimara categórica es su visión de la vida completa e integrada, esencialmente espiritual y en armonía con el cosmos.

El creyente neopentecostal es uno que cree y, como cualquier otro ser humano puede actuar a veces a partir de creencias falsas o en contra de creencias que le son caras, sus rituales le orientan en su existencia en el mundo, pero evidentemente no tienen el monopolio de esta tarea. Creer no es solo un suceso mental o apenas un estado psicológico.

Creer en la sanidad divina para el creyente neopentecostal puede significar, al mismo tiempo, que se recurra a la medicina científica o natural. El equilibrio se logra mediante la sutil combinación de elementos compatibles y opuestos. Esto implica que está en juego la lógica trivalente e incluyente del lenguaje y la cosmovisión aimara contraria a la lógica bipolar occidental, que crea el conflicto interminable de los inversos. En cambio, la lógica tridimensional tiende a la conciliación y convivencia de los elementos, incluso de los contrarios. Los hallazgos y análisis de este estudio revelan que esto mismo es verdad para los aimaras neopentecostales. Así como en la teoría de la relatividad de Einstein, donde la masa y el movimiento son relativos en relación con la velocidad de la luz, qué y cómo creen las personas o qué no creen son factores relativos en relación con la cosmovisión indígena. Mientras la lógica bipolar occidental crea el conflicto de los opuestos, el sistema de la lógica tridimensional lleva hacia la conciliación, la coexistencia de elementos, algunos de los cuales son contradictorios. Lo bueno y lo malo coexisten lado a lado, el futuro es el pasado y el pasado es el futuro en el presente. El nutriente de la lógica trivalente indígena es el sistema cósmico relacional, que se arraiga en la reciprocidad y la solidaridad.

La religiosidad que los neopentecostales practican no comienza con una lista de dogmas que se concentran en un credo y que debe ser comprendido, ni tampoco se basa en que los individuos piensan. Si fuera así, entraríamos en el terreno parcial y peligroso de eventos mentales indescifrables, sometiéndonos a lo meramente racional. Su religiosidad se basa en los actos rituales visibles, donde la gente se compromete y adhiere pública y positivamente a la nueva fe dentro de su propia tradición cultural y actúa de acuerdo con las representaciones colectivas del grupo.

La fe neopentecostal aimara, como la gran mayoría de las religiones indígenas, no tienen credo, se compone de instituciones y prácticas, la finalidad de sus creencias y de sus prácticas religiosas no es el discurso teológico, tampoco el proselitismo articulado en argumentos racionales, sino la supervivencia y el bienestar de la comunidad. El propósito de los neopentecostales aimaras de la IPdD no solo es salvar las almas sino también la supervivencia y continuidad de su comunidad en el entorno urbano. Así como los católicos que llegaron con su versión española de cristiandad, los pentecostales y gran parte de los evangélicos combinan elementos de salvación que son antiguos y nuevos, colectivos e individuales, donde todo descansa en los cimientos de la cosmovisión ya existente. Los rituales indígenas aimaras tienen un sentido simbólico expresivo, esto es, simbolizan los sentimientos compartidos de la solidaridad grupal, de aprecio y referencia inevitable al pasado, de quiebre y lealtad a una tradición que ejerce coacción en ellos. Mucho de esto se ha insertado, adoptado y adaptado en las iglesias neopentecostales como la IPdD.

Entonces ¿por qué los neopentecostales atraen tanto? En lugar de ser un sistema estructurado y lógico de ideas y pensamientos, ofrecen la posibilidad muy persuasiva de experimentar intensamente a Dios. Ofrecen un camino hacia la solución de los desafíos de la vida, esto es, llegar a conocer y experimentar a Dios mismo. Esta experiencia de Dios sucede sin intermediarios burocráticos y cuya comunicación se da en un lenguaje conocido y fácil de comprender y por alguien que ha surgido del pueblo, de entre ellos mismos y de su misma clase social. La experiencia neopentecostal se vuelve incluso más atrayente porque ofrece la oportunidad de formar parte de una comunidad de gente que comparte la misma experiencia y se alegra por ello de una manera afectiva y con entusiasmo junto a sus nuevos hermanos y hermanas en la fe.

El universo simbólico del grupo gira en torno a lo mágico de la palabra hablada. Si tomamos en cuenta que, por lo general, la cultura de los aimaras se basa en una relación oral, entonces, la cultura del neopentecostal aimara enfatiza sus rituales por medio de las relaciones orales. La comunicación ritual, no la racional, es la que tiene más valor. Lo oral supera a lo escrito, el testimonio al discurso. Los testimonios orales son vitales para la efectividad simbólica de los discursos dramáticos del pastor Guachalla. El énfasis se concentra en lo que el oyente siente en vez de lo que comprende intelectualmente. El pastor sabe comunicar de una manera efusiva y oral sus ideas por medio de relatos. Debido a ello, es de vital importancia que los miembros de la IPdD asistan a la iglesia y presten atención a los conmovedores y sencillos relatos orales del pastor. Estos discursos no tienen el principal propósito de comunicar argumentos racionales, sino más bien comunican emociones y suscitan profundos sentimientos que conmuevan a los oyentes. En otras palabras, todo el evento gira en torno al *corazón* en lugar de la mente.

Así como podemos hablar una lengua sin conocer totalmente su gramática, asimismo los creyentes neopentecostales pueden llevar a cabo un acto religioso sin conocer completamente su «gramática». El encanto de la experiencia, tanto dentro del lugar sagrado, la «casa de Dios», como en el hogar o en la calle, es lo que motiva las acciones y aspiraciones de los creyentes neopentecostales. Los profundos significados de los actos del culto y el entendimiento de estos les son parcial o totalmente inaccesibles, no porque sean inconscientes, sino porque son simbólicos, impuestos por el caudillo o la tradición indígena.

La Biblia supone la noción de totalidad, símbolo visible de la salvación que opera como código de la moral y la conducta. Sin embargo, el discurso y prácticas del neopentecostalismo se relacionan, según aquella compleja dinámica de continuidad y discontinuidad, con la oralidad, con la cultura indígena, con la manera religioso-animista con la que se expresa el indígena. Como resultado de ello, el neopentecostalismo es capaz de adoptar nuevos sentimientos religiosos mediante un lenguaje oral y con prácticas religiosas que evocan lo indígena, que la gente las conoce y que las puede asimilar de una forma natural.

La experiencia neopentecostal en la IPdD de la ciudad de La Paz es primordialmente aimara. La médula de su identidad la definen los valores de la cultura aimara, su integralidad cósmica, su oralidad y su equidad lingüística, su espiritualidad trascendental y su lógica tridimensional. Todo esto y mucho más forma el carácter de los aimaras neopentecostales, lo que son en la actualidad y lo que impulsa su misión. Cabe aquí hacer la observación de que existen más puntos de encuentro entre los neopentecostales aimaras contemporáneos, con los protagonistas o primeros receptores la fe bíblica del Antiguo Testamento, su historia, sus pueblos y su identidad. También existe más analogía con el cristianismo del Nuevo Testamento, sus culturas, su gente y su cosmovisión. Las diferencias son abismales e irreconciliables con la cristiandad occidentalizada, ya sea la de la vertiente católica romana o la protestante europea y estadounidense, con sus valores egocéntricos y su religiosidad individualista.

La llegada del evangelio de Jesucristo al contexto aimara es comparable a la metáfora de la semilla y la maceta. La semilla es el evangelio eterno, la semilla va a todas partes. Cuando la semilla se siembra en suelo africano, la planta que nace tiene una identidad africana porque el suelo es de aquel lugar. Cuando la semilla se siembra en suelo latinoamericano, la planta que nace y crece tiene un aspecto innato y personalidad latinoamericana. La semilla eterna no cambia, es única; el contexto donde se la siembra sí cambia y representa las características indígenas de cada grupo humano. La fe se indigeniza. Los creyentes y los no creyentes no pueden controlar la incursión de la luz de Jesús. El evangelio se aprisiona por la tierra de la maceta, pero al mismo tiempo libera a la cultura.

Conclusiones de la investigación

En Bolivia, la mayoría de la población profesa la religión católica y este contexto está muy relacionado con los rituales que se practican. En el caso de los inmigrantes aimaras, si bien sus rituales sufren la influencia de la religión católica, los elementos andinos han dejado su huella en cada una de esas prácticas y persisten a pesar de la influencia externa de estas. La práctica ritual andina resiste y persiste a los cambios, adaptándose a las nuevas condiciones, sin perder su singularidad. ¿Qué se puede decir acerca de los neopentecostales? ¿Se podrá decir lo mismo que lo que se dice de los católicos? ¿Qué sucede con los rituales que practican los conversos al neopentecostalismo? ¿Será que los rituales de mayor densidad simbólica, como el nacimiento, el matrimonio y la muerte, borran los matices «culturales» o estos se superponen?

Los conversos neopentecostales, como lo hemos demostrado a lo largo de esta investigación, rompen relativamente con viejos hábitos religiosos como la *cha'lla*, el *sirwiñacu* o la misa de ocho días en la iglesia católica, produciendo un cambio radical en estos actores sociales, lo cual influye en todos los ámbitos de la vida personal y social. Este cambio ocurre en un contexto que tiene tres factores principales: la desolación debido a la inmigración de las zonas rurales aimaras, la precariedad de las condiciones económicas urbanas y el vacío religioso dejado por haber migrado del campo y del catolicismo institucional. Todos estos factores indican la dificultad de resolver problemas cotidianos que estos individuos experimentan.

La IPdD persiste y prospera porque ofrece bienes de salvación y empoderamiento para la misión con un elevado sentido de urgencia y porque logra satisfacer apreciados anhelos de sus miembros. En otras palabras, la IPdD ha logrado arraigarse en el sector social mayoritario de la zona del Gran Poder y zonas periféricas similares, porque ha sido capaz de generar un nuevo hábitat religioso. De ello se trata el contraste con el catolicismo, el cual desde que llegó a Latinoamérica, ha logrado mantener altos niveles de sincretismo que ofrecen poca novedad y solución a los deseos más profundos de la gente, ni tampoco propone cambios claros en el entorno ritual.

Los investigadores sociales, como Guaygua y Strobele, si bien con perspectivas semejantes, han llegado a algunas conclusiones disímiles respecto a los efectos de la oferta de la vertiente evangélica de iglesias. Para el sociólogo Guaygua, los conversos al pentecostalismo cambian radicalmente las esferas de vida sociales e individuales. En cambio, para la antropóloga Strobele, no ocurre una ruptura con las «ideas tradicionales»; por el contrario, se concibe una continuidad o pervivencia, si bien en forma diferente y con nuevos contenidos. Esta disimilitud no es necesaria porque, de acuerdo con los testimonios de los miembros de base y un buen número de aportes de los dirigentes entrevistados para este estudio, los indígenas aimaras han incorporado a su vivencia e identidad el cambio radical así como la permanencia de la subestructura indígena en su identidad y estilo de vida. Aunque algunos de los entrevistados negaron explícitamente esta continuidad, la cosmovisión andina persiste inconscientemente, tanto en la identidad individual del neopentecostal como en la identidad de la IPdD. El abordaje interdisciplinario que esta investigación ha adoptado hace posible una mirada amplia que facilita un examen cuidadoso de las mutaciones que parecen radicales, pero no lo son. Sin embargo, el carácter y el fundamentos de las costumbres tradicionales indígenas aprovechan su potencial para construir y perfilar la cultura.

La vida familiar como generadora fundamental de la identidad no sólo hace posible y defiende los valores indígenas, también tiene la función de facilitar los cambios vertiginosos que ocurren en la vida urbana moderna. La unidad territorial y social que se practica en el país desarrolla procesos similares en la ciudad donde el aillu rural crea sus equivalentes urbanos. El deseo y la necesidad de pertenecer a una comunidad con valores aimaras es fuerte, tanto en los que nacieron en el campo como en los que nacieron en la ciudad, y es la familia el escenario que adapta y preserva la tradición cultural. Las actitudes discriminatorias a la mujer, por ejemplo, se ven reflejadas en la familia neopentecostal aunque en menor grado. Las mujeres han logrado más autonomía económica y social y los hombres participan más en las tareas domésticas. Los roles que los hombres han adoptado junto a sus parejas son más democráticos y simétricos, pero aún persiste cierto tipo de machismo neopentecostal que se basa en una interpretación errónea de la Biblia.

La combinación del trabajo mancomunado y compartir recursos, ausentes en la familia nuclear de los no indígenas urbanizados es posible en la familia neopentecostal aimara extendida aunque, paradójicamente, existe también una tendencia hacia la atomización y la independencia familiar. La familia extendida aprovecha mejor sus escasos ingresos económicos para cubrir los gastos de alimentos, trabajo, salud e incluso se aseguran de cubrir y alcanzar las necesidades de la iglesia neopentecostal. Las decisiones se toman por consenso e incluyen decisiones acerca de si los hijos van a estudiar en la universidad y practicar una profesión. Sin embargo, los aimaras urbanos han cambiado radicalmente sus expectativas, porque ahora la educación y el trabajo especializado juegan un papel central. La estructura social es una expresión del «parentesco ceremonial» y las nuevas generaciones dentro de esa estructura continúan realizando ritos de paso e iniciación. Los neopentecostales han cambiado el aspecto de las ceremonias familiares, pero no su significado. La continuidad y el cambio coexisten dentro de la familia nuclear y extendida, en las relaciones de parentesco, en la comunidad de fe y en la sociedad.

El interés de las mujeres por participar en movimientos sociales contrasta con la apatía de los hombres, pero ambos con firmeza otorgan importancia a las relaciones humanas aimaras. Las organizaciones sociales practican la vida en comunidad con su significado espiritual y tratan de ayudar a la gente a encontrar o crear empleos o a presionar a los gobiernos municipales o nacionales a mejorar la infraestructura de los barrios y los servicios públicos. El aillu rural, construido en los pilares de la reciprocidad y la solidaridad, se reproduce en la ciudad, en las organizaciones de vecinos y dentro de la propia iglesia. El aillu urbano combina los elementos religiosos que se practican en el campo con una nueva simbología, la cual está cargada de muchos aspectos similares con el aillu tradicional. Los creyentes neopentecostales que juegan un papel activo en la sociedad civil, aprovechan esta oportunidad para compartir su fe. Sería un error llegar a pensar que los neopentecostales indígenas han perdido completamente su religiosidad étnica. La gente indígena dentro de la IPdD rechaza paradigmas importados y de manera efectiva reconstruye su identidad nativa y estructuras sociales y culturales según su propia lectura del mundo y de sus propias necesidades.

En principio, los conversos (nacidos de nuevo) de la IPdD niegan seguir sosteniendo creencias aimaras antiguas, tales como el retorno de las almas a la tierra. Sin embargo, sus testimonios respecto a cómo entierran a sus muertos y cómo mantienen una relación con los fallecidos muestra que han sobrevivido no sólo a su pasado, sino que sus creencias del pasado y su sistema de valores persiste. Se invierte una gran energía religiosa y espiritual al enfrentar a la muerte, porque el aimara cree que lo sobrenatural obra de una manera penetrante, esto es, los ancestros muertos y los espíritus están todos alrededor y son capaces de aparecer en cualquier momento.

Los neopentecostales remplazan los períodos de luto que la iglesia católica estableció por los ayunos y las vigilias de oración. Se remplaza el fatalismo opresor de los funerales y las procesiones por acciones de gracias por la vida y esperanza en el futuro. Algunas personas que han estado en la IPdD por más de dos años van y consultan otra vez a los *yatiris* en tiempos de enfermedad y crisis o, al menos, admiten que lo harían. Cuando sufren de alguna enfermedad, la primera cosa que hacen es orar por un milagro. Si esto falla, recurren a la medicina moderna y, por último, como en tiempos antiguos, buscan al agente religioso, al médico natural, al *yatiri*.

Las esposas neopentecostales eligen perseverar y creer, cuando sufren de violencia doméstica debido al alcoholismo del marido. Justifican aquella conducta violenta dándole un significado animista a la borrachera del esposo. El acceso libre al poder de Dios capacita a los neopentecostales a sobrevivir situaciones de crisis y a sentirse empoderados para realizar milagros, sanar enfermedades y vencer a Satanás. La oportunidad de ser llenos del Espíritu Santo por igual y sin discriminación es el paradigma neopentecostal que los conduce a lograr un impacto en el mundo. Sin embargo, en situaciones terminales de muerte, enfermedad y peligro, según los entrevistados neopentecostales, la sabiduría aimara andina prevalece sobre el cristianismo neopentecostal, no sólo en términos de lo aspectos espirituales, sino también en lo moral y material. Los símbolos diferentes, contradictorios y multivalentes se mezclan juntos en el mismo escenario.

Para los neopentecostales, los roles de mediación no se limitan a unos pocos expertos. Cualquier persona puede invocar los poderes sobrenaturales, sanar al enfermo, luchar contra el mal, aunque algunos niveles de intervención sólo los puede realizar el máximo dirigente y, en otros casos, solamente por el especialista religioso aimara conocido como *yatiri*. Esta readmisión del *yatiri* sucede gradualmente y a plazo medio. Los aspectos que el creyente rechaza en su conversión recuperan gradualmente su significado. La subestructura religiosa nativa mantiene su posición dominante, la percepción simbólica de la vida persiste, el vínculo con las fiestas y los rituales tradicionales cambia, pero no desaparece. Se impone la ambigüedad intencional aimara neopentecostal.

Los vínculos que se mantienen con la comunidad rural y con los ancestros vivos y muertos también nutre la identidad aimara. Hayan o no nacido en el campo, los aimaras neopentecostales que viven en la ciudad mantienen contacto con el área rural y con sus parientes que viven allá. Visitan con frecuencia a sus comunidades nativas para estrechar lazos de su identidad aimara, pero también para lograr que estos viajes se tornen en oportunidades de evangelización. En medio de la vida rural con sus celebraciones políticas, culturales y religiosas la identidad y la misión se desarrolla.

Las dos rutas más comunes hacia la conversión son probablemente los milagros de sanidad y los encuentros de persona a persona. Los miembros de la IPdD sienten mucho entusiasmo con los milagros de sanidad y con asumir la tarea de compartir su testimonio de fe con los demás. El estilo de vida relacional aimara puede verse en el hecho de que la mayor parte de su comunicación es oral. La conversión implica un cambio total, pero ello no significa que desarrollen una nueva identidad a partir de la nada. La metamorfosis ocurre dentro del contexto indígena.

La convicción respecto a que la conversión empodera a cada creyente, sin distinción alguna, alienta a los miembros de la IPdD a que perseveren en el mundo neopentecostal y continúen asistiendo a los cultos y reuniones para reforzar su fe. Es allí donde sienten gran satisfacción, donde sus sueños se transforman en realidad, donde sanan sus enfermedades y donde liberan sus cargas emocionales. El estilo aimara, la atmósfera comunitaria, la participación en los cultos, el estilo occidental que resalta la prosperidad, la sanidad ilimitada y una vida dedicada a la oración con mucha emoción, todo ello significa que nadie debe perderse ninguna oportunidad de reunirse y recibir el paquete completo de etno-religiosidad neopentecostal simbólica.

La espiritualidad neopentecostal tiene dos características que reflejan tanto la identidad indígena como la identidad pentecostal. Tienen una fe que se basa en la experiencia y en lo mágico. Los neopentecostales y los aimaras ven espíritus por todas partes. El mundo invisible está poblado por seres que interactúan con el mundo real. Esta creencia de la iglesia neopentecostal es la que hace que la gente juegue un papel activo en las batallas que se libran por medio de la oración, en la incesante búsqueda de los milagros y en la lucha contra el diablo.

La sana doctrina, la interpretación bíblica o una teología bien articulada no juegan un rol central en la piedad que practican los neopentecostales. Tampoco se espera que la lectura de la Biblia se vuelva un hábito regular y, cuando se lee la Biblia, el objetivo no es tanto entenderla sino sentirla. Los miembros de la iglesia que no saben leer cargan la Biblia como si fuera un amuleto protector y benefactor. Las canciones con ritmos nativos populares aimaras se cantan con pasión durante los largos tiempos de alabanza y, para los neopentecostales, la espiritualidad significa ayunar, temblar, hablar en lenguas y evangelizar.

El ingenio que Guachalla posee como comunicador carismático le permite predicar narrando historias dramáticas que cautivan los corazones de sus oyentes; además, les comunica a todos la irrefutable responsabilidad de la expansión de la iglesia. Luis Guachalla conoce muy bien sus limitaciones con el idioma aimara y la importancia que este idioma juega en su congregación. Por tanto, gradualmente ha logrado presentar en los cultos a un excelente intérprete, el pastor Félix. Paradójicamente, sin embargo, el español es todavía el idioma principal de la congregación. Los miembros de la IPdD se aventuran en el campo de la superstición cuando usan aceite para ungir a los enfermos. No puede ser cualquier aceite, sino el que ha sido consagrado o bendecido por el pastor Guachalla. Este tipo de ritual hace que surjan imaginarios occidentales urbanos así como indígenas.

Si bien algunos de los entrevistados de esta investigación negaron tajantemente esta continuidad, la cosmovisión andina persiste inconscientemente en la identidad individual del creyente neopentecostal y en la identidad de la IPdD. A pesar de que los neopentecostales de origen aimara se han convencido subjetivamente de que han abandonado su pasado cultural, algunos aspectos continúan con profundo arraigo. Por ejemplo, la intensa relación entre las estructuras mentales y la praxis aimara respecto a la identidad indígena socio-religiosa, el sentido del mundo y lo que es innato y culturalmente trascendente, una vez dentro de la comunidad neopentecostal no desaparece, sino que se transforma logrando reforzar algunos de los aspectos integradores de su espiritualidad con su ser social. Los distintos elementos de su identidad tradicional y cultural sufren una innovación y modificación. La ecuación ruptura-continuidad —que se coloca a prueba repetidamente en la historia— opera una vez más sin dicotomías y síntesis triviales que fragmentan lo que no puede ser fragmentado.

En fin, al observar y comprender los rituales, el comportamiento y las nuevas amalgamas simbólicas en la praxis de los neopentecostales, como señal de identidad, muy a pesar de la migración del campo, de la escasez material y la urbanización, los neopentecostales de raíces aimaras en las nuevas condiciones, cambios e influencias no logran una independencia del imaginario originario aimara. Los cambios han sido articulados e incorporados a la persistencia de un estilo de vida ritual. Además, a partir del análisis de la identidad ritual, a pesar de la aparente mezcla, no se reduce a una homogeneización parcializada de estas prácticas rituales, constatándose las persistencias culturales en un medio urbano extraño a su origen y en medio de una iglesia que podría ser descrita como culturalmente muy distante.

En el vivir cotidiano, en las relaciones familiares, la participación en movimientos sociales, en enfrentar situaciones de crisis, en sus fiestas y rituales y sus relaciones con los actores religiosos aimaras, en su mantenimiento de vínculos con los antepasados y con la vida rural, en la manera en que entienden su conversión, en sus motivaciones para ser miembros de la IPdD, en la práctica de la piedad neopentecostal y en su percepción de la dirigencia de la iglesia, la identidad aimara forma parte de estos inmigrantes aimaras de primera, segunda o tercera generación. Cada una de estas características, que fueron analizadas en el capítulo cinco, son evidencia de aspectos culturales que persisten y sobreviven cuando se trasladan a la ciudad.

En este sentido, las cuatro hipótesis de trabajo que fueron adoptadas en esta investigación han sido verificadas. Primeramente, la cosmovisión aimara ejerce una influencia permanente y dinámica en la sociedad boliviana. Esta permanece profundamente arraigada en el tiempo y espacio boliviano. Varios siglos de intenso y dramático encuentro con una variedad de propuestas exógenas han transformado y han afirmado la cosmovisión indígena, demostrando su vitalidad. Sus valores, costumbres y creencias han reforzado su etnicidad, logrando preservar algunos aspectos y recreando otros. Moldeados por los desafíos de la abrupta y severa geografía del altiplano boliviano, el pueblo aimara, junto con el quechua, ha dado no sólo a La Paz sino al país entero un firme sentido de pertenencia cultural y un alma indígena. Fue imposible cambiar, a la fuerza o automáticamente, la espiritualidad aimara por la española colonial o por el cristianismo moderno. Ni la espada ni el dominio político o incluso la razón han sido capaces de reemplazar la manera de ser de este pueblo. Conciben la vida como un estado de armonía con el cosmos, su naturaleza es fundamental e indivisiblemente espiritual y viven en un entorno relacional-comunal. El idioma y la cosmovisión del aimara no es dicotómica. No los impulsa el conflicto de la bipolaridad, sino que existen en la armonía de la polivalencia, esto es, las posturas contrarias tienen derechos la una a la otra, los opuestos se equilibran, el universo es intensamente simbólico, sobrenatural e integrado. Este entendimiento del mundo cosmocéntrico se puede observar en el pueblo aimara contemporáneo, incluso en los neopentecostales. La identidad aimara en Bolivia continúa influenciando y moldeando valores, conductas y religiosidad.

La segunda hipótesis es que las iglesias neopentecostales están cambiando la identidad y la cosmovisión de los aimaras urbanos que viven en La Paz, Bolivia. Cada persona, cada identidad cultural tiene sus perfiles existentes en simbiosis constante con los elementos que le rodean. Los movimientos sociales con su herencia histórica descubren y transforman el uno y el otro: los aspectos sociales adaptan la vida religiosa y, a su vez, influencian los elementos culturales. La tercera ley de la termodinámica puede aplicarse al campo religioso-cultural: nada se pierde todo se transforma. Los neopentecostales de la IPdD ejercen una influencia activa en la cultura aimara urbana.

Se puede describir a la IPdD como un movimiento socio-religioso porque está compuesta de un gran número de indígenas aimaras que representan la mayoría de la población local. Históricamente, han tenido raíces propias e independientes. Económicamente, muestran el rostro del pobre, los ingresos más bajos de las clases sociales. Socialmente, representan a gente que vive en las áreas marginales y periurbanas. Teológicamente, se identifican con la teología de la prosperidad y la guerra espiritual, son agentes fervientes de la globalización. Con esta clase de perfil, logran atraer a personas y familias que están experimentando cambios significativos pero relativos. Los cambios en su identidad, los valores morales, las creencias y las costumbres hasta cierto grado, hacen que ellos influyan a otras personas y contextos. Así la iglesia, con su gran crecimiento numérico, sus edificios grandes se convierten en el centro alrededor del cual, las formas de la iglesia neopentecostal, forma círculos concéntricos, forma un movimiento dentro de un espacio religioso, geográfico, social y económico que ejerce una importante influencia en la manifestación amplia del contexto urbano.

En tercer lugar, los neopentecostales sincretizan las creencias indígenas con la versión occidentalizada del cristianismo pentecostal. El estilo de vida urbano occidentalizado se mezcla con la cultura aimara no sólo en la ciudad de La Paz sino también en la congregación de la IPdD. Sería un grave error especular que esta iglesia no ha tenido un proceso de aimarización, así como sería igual de equivocado pretender que el cristianismo actual no lleva las marcas del mundo occidental. El individualismo, la nuclearización de la familia, las aspiraciones financieras y académicas de los padres y el uso de tecnología avanzada en sus presentaciones mediática, todos estos elementos occidentalizados coexisten y emergen con la colectividad, el simbolismo e imaginario indígena. El neopentecostalismo y su manera particular de interpretar el evangelio —así como otras formas de cristianismo a lo largo de la historia— colisiona, adapta e interactúa con la cultura nativa. En realidad, se construye con esta cultura y a su vez ésta la moldea, produciendo y redefiniendo su identidad en una especie de variación interétnica. El resultado inevitable es un sincretismo activo, pertinente y que es genérico a todo aspecto de la cultura, no sólo en lo que concierne a la religión.

En cuarto lugar, en el contexto boliviano, los neopentecostales son la puerta de entrada al entendimiento de cambios culturales que redefinen la identidad, las acciones y el pensamientos de la gente. El fenómeno de la globalización y su poder invasivo y homogeneizador ha provocado una resistencia equilibrante de fuerzas sociales que pueden percibirse en las reafirmaciones de las identidades étnicas, particularmente cuando afecta y se alcanza el espacio socio-religioso. Los neopentecostales, sin embargo, ofrecen una oportunidad para el estudio y el entendimiento de la resiliencia que se observa en los aimaras urbanos. Las afinidades culturales mutuas, las adaptaciones y los rechazos trabajan juntas para formar la identidad y la misión de esta nueva forma de cristianismo. Se forman nuevas dimensiones, creativas y efectivas, cuando la identidad neopentecostal atraviesa por un rediseño. Se logra adaptar un núcleo diverso de símbolos para formar un sistema religioso compacto en un contexto de desventaja, de segregación socioeconómica y de pérdida aparente del orden tradicional.

Los miembros de la iglesia describen su conversión en intensos términos emocionales, como algo que se relaciona con la sanidad o un cambio de conducta y de corazón. Gracias a esta experiencia, han recibido la tarea inescapable de compartir su fe ya que el poder de Dios los ha llenado. Este es el propósito más importante de sus vidas, aunque ellos mismos reconocen que esta misión está separada de su condición indígena pobre. La IPdD, como una organización eclesiástica junto a su dirigente, crece en poder económico gracias a los pobres quienes, al volverse neopentecostales, pueden experimentar una ligera mejoría en su situación económica, pero continúan viviendo en la pobreza.

Ello nos lleva a la conclusión de que pertenecer a un grupo étnico social como los aimaras es un factor determinante de identidad, así como pertenecer al grupo neopentecostal de la IPdD. Estas dos pertenencias no son mutuamente excluyentes sino que, de hecho, forman conexiones y las mantienen, lo cual significa que el neopentecostal aimara converso no logra un cambio radical de su identidad antes de su conversión. Esta conexión y continuidad se expresan consciente e inconscientemente en los procesos de «negociación simbólica» que se establecen entre conversos y no conversos. Ocurre con cierta tensión pero más que todo con espontaneidad y aplicando el principio de la reciprocidad, no solo en los asuntos de tinte religioso sino también en lo social. Esta negociación simbólica generadora de identidad se articula en los actos rituales centrales de la iglesia y en los actos sociales de sus miembros dentro y fuera de la iglesia. Básicamente se da en a) el uso del idioma aimara; b) las relaciones de trabajo; c) la vida de familia nuclear-extendida; y d) las situaciones de crisis e) la pluralidad ritual.

Es imposible esperar, desear, suponer o planificar la ausencia o la muerte de la religión o el sistema de creencias que los aimaras tienen durante siglos. No existe nada mágico ni sobrenatural que de repente haga desaparecer o sustituya completamente la percepción de la vida que tiene la tradición indígena aimara en Bolivia, ni en cualquier otro grupo humano en el mundo. Todo ser humano depende de una base sociocultural para poder existir, para poder desarrollarse. Todo hombre y toda mujer necesita de premisas, de una plataforma sobre la cual ser. ¿De qué manera contribuye la identidad aimara, su manera de concebir el mundo, a la experiencia humana global? Justamente lo hace debido a su singularidad. La vieja noción de que hay culturas civilizadas y primitivas, las unas superiores a las otras, que algunos científicos sociales propusieron, es denigrante y crea una distancia inaceptable.

Conclusiones específicas para los neopentecostales de la IPdD

En esta parte del libro se ofrece un recorrido breve en cinco áreas respecto a la identidad y la misión de los neopentecostales, en las cuales se puede observar la resiliencia de la tradición indígena:

La conversión

La meta suprema del creyente neopentecostal es lograr ser mediador de la conversión de almas. Su propia conversión le impulsa a que otros también se conviertan a su iglesia. Se trata es de lograr conversos a una nueva vida, donde la sanidad, prosperidad, dignidad, los dones del Espíritu, el sentido de la misión y la armonía con Dios, con los seres humanos y el cosmos se experimenten de una manera significativa. La vida cristiana abundante, cuando se traduce en términos originarios, manifiesta continuidad con las expectativas tradicionales aimaras. El contexto aimara, sin embargo, es al mismo tiempo, precario y peligroso para el nuevo y antiguo converso, la búsqueda de la salvación dentro de tal mundo atrae y mantiene a la gente en iglesias como la IPdD, porque allí encuentra alternativas que le ofrece protección del peligro y del diablo.

La sanidad

Si en la vida del converso hay todavía cosas que permanecen vacías, desarregladas, después de haberse entregado a Dios, entonces se tienen que quitar las fuerzas sobrenaturales que impiden una vida abundante. Esto se consigue por medio del ministerio de la sanidad, el cual implica la liberación de todo tipo de enfermedades físicas, mentales o espirituales, la liberación de maldiciones, aflicción o pobreza. «Pedí a Dios que si me sanaba le serviría toda mi vida». Esta expresión popular se escucha en los testimonios semanales, lo cual explica la razón por la que el ministerio de sanidad y milagros está en campaña permanente. La percepción aimara de la vida vincula tal salvación al destino existencial y final de las personas. En otras palabras, estar en este mundo cumple un propósito determinado. En la percepción originaria, la vida tiene un origen divino, lo cual es potencialmente positivo, a pesar de las poderosas fuerzas malignas que causan desordenes físicos, emocionales y espirituales y que traen sufrimiento y desgracia a la gente y sus familias.

En el cristianismo típico de los neopentecostales, las fuerzas espirituales se encuentran por todos lados. El creyente aimara busca en lo sobrenatural las causas de la enfermedad o de la infelicidad, es decir, preserva muchas de las preocupaciones y orientaciones de las creencias nativas transpuestas ahora a una forma moderna. Esto queda muy claro en el ministerio y las predicaciones de Luis Guachalla, porque sus ideas acerca de la sanidad, la liberación y la atención pastoral se relacionan conscientemente a patrones aimaras de percepción de la realidad, a conceptos de identidad y comunidad. Lo hace de esta manera no por simple conveniencia sino porque, consciente o inconscientemente, cree que la acción divina no estuvo ausente del imaginario indígena, sino que más bien preparó perspectivas válidas para la articulación del compromiso y la percepción cristianas.

La prosperidad

La implementación efectiva de la conversión y la sanidad prepara el camino hacia la prosperidad. Los neopentecostales en general definen prosperidad no solo en términos de buena salud o liberación de lo malo sino, cada vez más en términos de riqueza material que tiene un vínculo con el capitalismo moderno. Gran parte de la teología de la prosperidad neopentecostal boliviana, incluso su orientación antiética, tiene su origen en los Estados Unidos. La teología de la prosperidad tiene una formula fundamental sencilla: una vez que el creyente pague con fidelidad y generosidad los diezmos y las ofrendas que el pastor le pide, tiene el derecho de esperar la retribución de Dios. Una de sus mayores debilidades es usar textos bíblicos aislados como si fuesen talismanes para justificar esta fórmula simplista.

Esta forma de teología tiene que también ser evaluada a la luz de lo que significa para la religión originaria, para la circunstancias socioculturales y la cosmovisión en la cual la gente ha adoptado tal mensaje. Las propuestas de la teología de la prosperidad norteamericana toma nuevas formas simbólicas en el nuevo contexto. En el contexto aimara, la religión sirve para soluciones prácticas. La motivación para ofrecer sacrificios, ofrendas y súplicas es para fines prácticos como la lluvia, la fertilidad, el bienestar, el poder, la preservación de la vida, etc.

Los aimaras creen que cuando se establece una relación de armonía con los seres trascendentes, los poderes traen bienestar y ayudan a resolver los problemas de la vida diaria. Los espíritus de los antepasados, los de las montañas y la naturaleza, la Pachamama y el sol, tienen la obligación de recibir las ofrendas y atender a los pedidos. No habría razón para creer que, como en otras circunstancias, el neopentecostalismo no emula las maneras indígenas de practicar religiosidad en la entrega de ofrendas, esperando a cambio la prosperidad personal. Las similitudes son imposibles de ignorar. Los miembros de la IPdD atienden obedientemente a los pedidos de su dirigente carismático de ofrendar desde su pobreza, porque creen que tiene interés en sus vidas, responde sus oraciones y practica la reciprocidad, el ayni.

La alabanza

La alabanza es la expresión espiritual más importante en la IPdD, y la alabanza comunitaria es el contexto en el cual se experimenta, con un deseo ardiente e intenso, ese encuentro con lo divino. Como lo hemos hecho notar, la religión aimara pone mucha atención en la intervención divina, en un ambiente de espíritus malos peligrosos que, con la ayuda de agentes religiosos como el *yatiri*, consultan las necesidades y piden la intervención de las deidades. El neopentecostalismo se ha hecho popular en Bolivia porque integra la sanidad con el éxtasis dentro de la alabanza, lo cual se conoce como «ministración» y que provee al creyente otras maneras de alabanza como temblores, caídas, risa santa y en las que la gente prueba la fuerza y el poder de Dios. La música juega un rol clave en este proceso terapéutico y edificante. Los neopentecostales alaban con la expectativa de que en medio de las canciones y las oraciones el Espíritu Santo los visite y la gente encuentre su presencia. Esta es una expresión religiosa que apela a la sensibilidad indígena debido a su naturaleza comunitaria y su búsqueda extática.

Los dirigentes

Por último, tenemos que mencionar la naturaleza del dirigente neopentecostal y su continuidad con conceptos similares en grupos indígenas. La religión y la política en las etnias como la aimara están completamente entrelazadas. Los dirigentes gozan de un gran respeto y se ubican como mediadores del poder divino. Los que conocen tanto la cultura indígena como la neopentecostal no pueden negar la relación que hay entre la manera de ser dirigente en la iglesia y la de serlo en la cultura indígena. Los dirigentes adquieren una condición sagrada que los separa de los demás y los capacita para realizar los rituales necesarios para proteger la comunidad. El llamado del pastor es divino, por tanto, recibe un trato como quien posee una personalidad sagrada y con poderes para bendecir y maldecir. Aunque la intención del pastor se fundamente en la Biblia respecto a su liderazgo carismático, el aspecto cultural indígena está presente y al mismo tiempo se sumergen en lo político moderno. Algún miembro de la iglesia podría estar en desacuerdo con sus dirigentes e incluso reclamarles por sus errores, pero a pesar de todas sus fallas el respeto permanece intocable. Lo importante es que se proteja el interés comunitario y se acepte el orden divino.

Reflexiones finales de los neopentecostales respecto a su etnicidad

Hasta aquí se tuvo el propósito de dar un cuadro lo más completo posible del perfil de los cristianos aimaras neopentecostales, considerando su identidad indígena, su cultura, su historia y sus estructuras socio-religiosas con las que ellos se relacionan y todavía lo siguen haciendo, lo cual es señal irrefutable de que siguen perteneciendo a esta tradición común. Como pueblo y como representantes de la institución religiosa, los aimaras pertenecen y forman parte de lo que se conoce y se entiende como la cultura indígena andina, cultura que, basándonos en lo que hasta ahora hemos investigado, sería imposible borrar. Cada parte de esta investigación destaca el ethos étnico andino de las personas que participaron de la investigación, ellas mismas afirman con convicción que se consideran a sí mismas indígenas aimaras. Esta autoidentificación es un factor inevitable para la comprensión de la extensión y la profundidad de la identidad aimara, y para aceptar el peso de esta «indigeneidad» en todas las características dinámicas de su ser colectivo e individual. Al concluir se destacan tres factores que ya fueron descritos en términos religioso-culturales, pero que se encuentran claramente en la identidad aimara neopentecostal.

La pacha

El primer factor es la relación con el aillu rural, la pacha, el lugar que los neopentecostales aimaras, sin fallar, visitan frecuentemente para nutrir su tradición cultural, para tener contacto con sus ancestros, tanto los vivos como los muertos, y para estar en el espacio geográfico donde ellos o sus padres y abuelos nacieron. Se puede ver también reconstrucciones urbanas del aillu en los clubes de madres, en los sindicatos y en la misma iglesia. Estos aillus urbanos, que recibe la visita frecuente tanto de aimaras que van y que no van a la iglesia, ocupan una amplia proporción en sus vidas, y hace que los creyentes y los no creyentes sean casi indistinguibles. Dado que esta relación con su lugar de origen ocupa tan importante lugar en sus vidas — inexorablemente vinculado con fiestas tradicionales, creencias, espíritus, protecciones y peligros, implicaciones ecológicas y adaptación a nuevos tiempos y espacios— todos estos aspectos juegan un importante papel en moldear su identidad indígena.

Para algunos, el vínculo con los tiempos y lugares rurales aimaras es todavía muy fuerte. Aquellos que nacieron en el área rural y se mudaron a la ciudad frecuentemente visitan su antigua comunidad. Para otros, este contacto con la *pacha* es menos directo y frecuente. La segunda y tercera generación de aimaras que nacieron en la ciudad, también continúan manteniendo sus raíces aimaras, en particular en el ámbito espiritual. Por lo tanto, la identidad indígena no se desarrolla exclusivamente en comunidades ancestrales rurales.

Cuando las personas todavía sienten que pertenecen a la comunidad rural, entonces mantienen viva esta relación. Sin embargo, este vínculo no es vital para mantener la sobrevivencia de la identidad indígena en medio de los hermanos urbanos neopentecostales. Estos no han dejado de ser aimaras andinos tan sólo porque ya no tienen tierras o parientes en el campo. Se fortalecen política, social y culturalmente —aunque, en general, no económicamente— en la ciudad. Sus puntos de referencia simbólicos persisten en su imaginario, porque los lazos con la cultura, de hecho, suceden particularmente en el ámbito espiritual, en este caso, escogiendo ser miembros de una iglesia neopentecostal.

El tinku

A primera vista, el fundador de «Poder de Dios» y los fundamentos de la iglesia parecen oponerse radicalmente a la cultura aimara en particular y a la cultura en general, pero una mirada más de cerca revela que no es este el caso. El ropaje teológico-doctrinal occidentalizado es completamente incapaz de ocultar la práctica y la conciencia socio-religiosa aimara presente tanto en el propio Guachalla como en la congregación como un todo. Guachalla comete un gran error al atribuir al maligno casi toda expresión y característica aimara que se encuentra en su congregación, aun si su intención fuese simplemente condenar la idolatría y las facetas paganas de estos aspectos. La razón de ser de la IPdD es responder a las necesidades de la mayoría de la congregación, quienes son hombres y mujeres aimaras con raíces en familias, comunidades y organizaciones rurales-urbanas. Esta es la matriz que sostiene y reproduce el estilo de vida de la cultura neopentecostal, su visión de la vida y del mundo. El pastor no tendría la capacidad de expresar el sentimiento de gran parte de los aimaras o tener el poder de dirigirse a ellos o al menos conmoverlos, si su realidad socio-étnica no estuviese viva en él mismo y en la congregación. El «tinku» aimara se hace presente imperceptiblemente en el dirigente y en la iglesia, esto es, el encuentro de contradicciones que constantemente luchan para alcanzar el equilibrio que implica la continuidad de la identidad profundamente arraigada.

En este dilema, que es latente, aunque nunca ha sido reconocido públicamente por el pastor Guachalla, el vínculo orgánico con la cultura aimara tiene su peso, ya sea que se admita o no. Lo insondable del ser de la gente, de las familias y de las estructuras sociales que se encuentran en la congregación representa lo que se ha transformado en la subcultura neopentecostal. El Espíritu Santo de Dios, que muchos citan con convicción como la fuente de poder de su conversión opera en la conciencia aimara para llevarla a su plenitud, transformándola, restaurándola y afirmándola, no negándola, destruyéndola o demonizándola. Bajo esta perspectiva los horizontes se amplían, la historia de los aimaras se incluye con sus estructuras sociales auténticas y justas y con sus símbolos andinos pertinentes. El idioma, la espiritualidad y la música aimara se logran también recuperar.

En este sentido, el último *tinku* lucha para producir armonía, continuidad y perfección en la identidad aimara.

El ayni

La coexistencia de opuestos (*tinku*) lleva al tercer factor: la solidaridad. Las relaciones entre la iglesia y el mundo, entre los creyentes y los no creyentes, la pobreza individual y la extravagancia institucional en el manejo de fondos administrativos llevan todos la marca del contraste. Pero estas contradicciones encuentran maneras de coexistir y aun de establecer alianzas. Las tensiones que se crean tienden a levantarse y caer, vienen y van. La dirigencia vertical y caudillista de la IPdD no tolera evaluaciones internas ni externas y busca mantener el completo control de la iglesia. Sin embargo, esto no significa que la gente sea tonta y que cualquier rechazo que se exprese se ignore o anule. Así como con el *tinku* y la *pacha*, surgen corrientes y contracorrientes. El *ayni*, la solidaridad con reciprocidad, la contracorriente del conflicto florece espontáneamente para establecer sus conexiones.

Los componentes indígenas se mezclan con componentes importados y relacionados con un estilo de vida más individualista, lo cual crea ambiciones personales en el pastor, su familia y su círculo cercano de dirigentes intermedios, creando actitudes egocéntricas de control. Después de todo, los bienes son considerables, con el canal de televisión, estaciones de radio, un coliseo enorme y proyectos sociales. Sin embargo, en el caso de la IPdD, la identidad aimara tolera, muestra solidaridad con esa conducta contradictoria porque cree que es vital mantener la estructura de poder, sea por motivos personales o sectoriales. Los pequeños intereses personales convierten a la identidad mayoritaria en un objeto que puede ser manipulado, al recolectar los diezmos, aplicando pasajes bíblicos, en campañas de sanidad y al apelar a las emociones de la gente. El pastor y su equipo de dirigentes empodera a la congregación para la misión. En reciprocidad, la congregación les da ofrendas, dedicación incansable y aceptación sumisa del statu quo. A lo largo de esta investigación, la etnicidad aimara ha sido vital y se la ha venido usando de una manera oportunista con distintos fines por aquellos que ejercitan el control al interior de la iglesia y por la propia gente.

Se ha descrito y analizado la identidad indígena aimara, su persistencia, potencial y capacidad de penetración, como algo vital para la identidad de Bolivia, para millones de aimaras en el país y más todavía, en América Latina. Será, sin embargo, siempre sólo una faceta dentro un contexto y una identidad más amplia, identidad que moldea a cada persona y cada grupo, como es el caso de la iglesia «Poder de Dios».

Bibliografía

Albó, Xavier

    1991   «La experiencia religiosa aymara», pp 81-130 en *Rostros Indios de Dios.* eds. Manuel M. Marzal, Xavier Albó, Eugenio Maurer, Bartomeu Melia, y J. Ricardo Robles. Lima: Pontifica Universidad Católica del Perú.

Albó, Xavier. ed.

    1988   *Raíces de América: El mundo aymara.* Madrid: Alianza Editorial.

Albó, Xavier, y Matias Preiswerk

    1986   *Los señores del Gran Poder.* La Paz: Centro de Teología Popular.

Anderson, Allan

    2004   *An Introduction to Pentecostalism: Global Charismatic Christianity.* Cambridge: Cambridge University Press.

    2007   *Spreading Fires: The Missionary Nature of Early Pentecostalism.* Londres: SCM Press.

Arnold, Denise Y. y Alison Spedding

    2005   *Mujeres en los movimientos sociales en Bolivia 2000–2003.* La Paz: CIDEM/ILCA.

Bastian, Jean-Pierre

    1994   *Protestantismos y modernidad latinoamericana: Historia de unas minorías religiosas activas en América Latina.* México. D.F.: Fondo de Cultura Económica.

Barrett, David y Johnson, Todd

    2003   *World Christian Trends,* AD 30 – AD 2000. Pasadena: William Carey Library.

Beck, Robin

    2004   «Platforms of power: House, Community, and Social Change in the Formative Lake Titicaca Basin». Tesis PhD, Evanston: Anthropology Northwestern University.

Bediako, Kwame

    1992   *Theology and Identity: The Impact of Culture upon Christian Thought in the Second Century and Modern Africa.* Oxford: Regnum Books.

1995   *Christianity in Africa: The Renewal of a Non-Western Religion.*
        Edimburgo: Edinburgh University Press.

Berg, Mike, y Paul Pretiz

1996   *Spontaneous Combustion: Grass-Roots Christianity, Latin American
        Style.* Pasadena: William Carey Library.

Beyer P. y Beaman L. eds.

2007   *Religion Globalization and Culture.* Leiden: Brill.

Bosch, David J.

1991   *Transforming Mission: Paradigm Shifts in Theology of Mission.*
        New York: Orbis Books, 1991.

Bouysse-Cassagne, Thérèse

1987   *La identidad aymara: Aproximación histórica,* siglos xv-xvi.
        La Paz: Hisbol.

Bouysse-Cassagne, Thérèse, Olivia Harris, Tristan Platt, y Verónica Cereceda

1987   *Tres reflexiones sobre el pensamiento andino.* La Paz: hisbol.

Bowman, Charles H.

1975   *Vicente Pazos Kanki: Un boliviano en la libertad de América.*
        La Paz: Editorial Los Amigos del Libro.

Buckingham, Jamie

1976   *Daughter of Destiny: Kathryn Kulhman…her Story.* New Jersey:
        Logos International.

Canclini, Arnoldo

1987   *Diego Thomson: Apóstol de la enseñanza y distribución de la Biblia en
        América Latina y España.* Buenos Aires: Asociación Sociedad Bíblica
        Argentina.

Cárdenas, Victor Hugo

1988   «La lucha de un pueblo» en *Raíces de América: El mundo aymara.*
        ed. Xavier Albó. Madrid: Alianza Editorial.

Carter, William E., y Mauricio Mamani

1982   *Irpa Chico: Individuo y comunidad en la cultura aymara.* La Paz:
        Editorial Juventud.

Chambers, Joseph

s.f.   «Kathryn Kuhlman and her Spirit Guide». http://www.pawcreek.org/
        kathryn-kuhlman/ Consultado 22.08.08

Cook, Guillermo ed.

1994   *New Face of the Church in Latin America: Between Tradition and
        Change.* New York: Orbis Books.

Colque, Abraham

2008   «Identidad indígena, Nueva Constitución Política del Estado y
        desafíos para la evangelización». *Ponencia dada en la Fraternidad
        Teológica Latinoamericana.* La Paz, 24 de abril.

Comisión Conferencia Misioneros Bautistas en Bolivia

1948   *El Cincuentenario de la Misión Bautista Canadiense en Bolivia: Desde su fundación en el año 1898 hasta el principio del año 1948.* La Paz: Editora Universo.

Córdova Julio

1999   «Tres ideas equivocadas sobre el movimiento neopentecostal» en *Fe y prosperidad: Reflexiones sobre la teología de la prosperidad,* editado por Lourdes Cordero, 109-34. La Paz: Editorial Lampara.

Cox, Harvey

1996   *Fire from Heaven: The Rise of Pentecostal Spirituality and the Reshaping of Religion in the Twenty-First Century.* Londres: Cassell.

Crespo, Alberto

1978   *Alemanes en Bolivia.* La Paz: Los amigos del libro.

De Calderon, Eunice

2004   *Porque el Señor así lo prometió: El avivamiento que conmovió a Bolivia.* La Paz: Producciones Anakainoo.

D'Epinay, Christian Lalive

1968   *El refugio de las masas: Estudio sociológico del protestantismo en Chile.* Santiago, Chile: Editorial El Pacifico.

Deiros, Pablo A.

1992   *Historia del Cristianismo en América Latina.* Buenos Aires: Fraternidad Teológica Latinoamericana.

Dempster, Murray W., Byron D. Klaus, y Douglas Petersen eds.

1999   *The Globalization of Pentecostalism: A Religion Made To Travel.* Oxford: Regnum Books.

Diaz Cruz, Rodrigo

1998   *Archipiélago de rituales: Teorías antropológicas del ritual.* México: Antrophos Editorial.

Droogers, André

1991   «Visiones paradójicas sobre una religión paradójica. Modelos explicativos del crecimiento del pentecostalismo en Brasil y Chile», en Barbara Boudewijnse y otros, *Algo más que opio. Una lectura antropológica del pentecostalismo latinoamericano y caribeño.* San José, DEI.

Duncan, Robert

s.f.   «Kathryn Kuhlman: Healer and New Age Diva». http://www.speroforum.com/site/article.asp?id=13001 Consultado 23.08.08.

Dussel, Enrique, Jeffrey Klaiber, Fernando Aliaga Rojas, Josep M. Barnadas, José Maria Vargas, Mortimer Arias, Catalina Romero, Cecilia Tovar, y Jorge Moreno Álvarez

1987   *Historia general de la iglesia en América Latina,* VIII, Perú, Bolivia y Ecuador. Salamanca: CEHILA.

Dussel, Enrique. ed.

  1992   *The Church in Latin America 1492–1992*. New York: Orbis Books.

Eliade, Mircea. ed.

  1987   *The Encyclopaedia of Religion: Phenomenology of Religion*. Londres: Macmillan.

Escobar, Samuel

  1982   «¿Qué significa ser evangélico hoy?» Revista Misión 1:1: 6–9.

  1994   «Conflict of Interpretations of Popular Protestantism» en *New Face of the Church in Latin America: Between tradition and Change,* ed. Guillermo Cook, 112.34. New York: Orbis Books.

  1994   «The Promise and Precariousness of Latin American Protestantism» en *Coming of Age: Protestantism in Contemporary Latin America.* ed. Daniel Miller, 3-35. Lanham, University Press of America.

Escobar, Samuel, Estuardo McIntosh, y Juan Inocencio

  1994   *Historia y misión: Revisión y perspectivas*. Lima: Ediciones Presencia.

Estermann, Josef

  2004   *La filosofía andina como alteralidad que interpela: Una crítica intercultural del androcentrismo y etnocentrismo occidental.* La Paz: ISEAT.

  2006   *Filosofia Andina: Sabiduria indigena para un mundo nuevo.* La Paz: ISEAT.

Estermann, Josef. ed.

  2006   *Teología Andina: El tejido diverso de la fe indígena*, tomo I y II. La Paz: ISEAT.

Freston, Paul

  1998   «Pentecostalism in Latin America: Characteristics and Controversies» Social Compass 45: 335–58.

  2007   «Latin America: The 'Other Christendom', Pluralism and Globalization» en Beyer P. & Beaman L. eds. *Religion Globalization and Culture*. eds. P. Beyer y L. Beaman, 571–94. Leiden: Brill.

Frias Mendoza, Víctor H.

  2002   *Mistis y mokochinches: Mercado, evangélicos y política local en Calcha.* La Paz: Editorial Mama Huaco.

García Canclini, Néstor

  1999   *La globalización imaginada*. México DF: Editorial Piados.

Garrard-Burnet, Virginia

  1998   «Identity, Community and Religious Change Among the Maya of Chiapas and Guatemala». Journal of Hispanic/Latino Theology 6: 61–79.

Garrard-Burnett, Virginia, y D. Stoll eds.

  1993   *Rethinking Protestantism in Latin America*. Philadelphia: Temple University Press.

Gospel and culture

    1978   Willowbank Report (Bermudas: Lausanne occasional paper 2).

Goytia Rodríguez, Jaime

    1993   *Principios de la obra cristiana evangélica en Bolivia*. Cochabamba: Unión Bautista Boliviana.

Guachalla, Luis

    2003   «Raíces del ministerio del nuevo pacto Poder de Dios». Mensaje grabado 9 de noviembre de 2003. La Paz: Iglesia Poder de Dios.

Guaygua, Germán

    1998   «El mercado y los bienes de salvacion: consumo y habitus religioso en la zona del Gran Poder», Tesis MPhil, Universidad de San Andrés Department of Sociology.

Guaygua, German, y Beatriz Castillo

    2008   *Identidades y religión: fiesta, culto y ritual en la construcción de redes sociales en la ciudad de El Alto*. La Paz: ISEAT.

Hansen, Guillermo. ed.

    2002   *El silbo ecuménico del Espíritu: Homenaje a José Míguez Bonino en sus 80 años*. Buenos Aires: ISEDET.

Hudspith, Margarita Allan

    1958   *Ripening Fruit: a History of the Bolivian Indian Mission*. New York: Harrington Press.

Jolicoeur, Luis

    1996   *El cristianismo aymara: Inculturación o culturización*. Cochabamba: Ediciones ABYA-YALA.

Klein, Herbert S.

    1982   *Bolivia: The Evolution of a Multi-Ethnic Society*. New York: Oxford University Press.

Knighton, Ben

    2005   *The Vitality of Karamojong Religion: Dying Tradition or Living Faith?* Hants: Ashgate.

López, Darío

    2002   *El nuevo rostro del pentecostalismo latinomericano*. Lima: Ediciones Puma.

    2006   *La fiesta del Espíritu: Espiritualidad y celebración pentecostal*. Lima: Ediciones Puma.

Lozada Pereira, Blithz

    2005   *Identidad y visión del mundo aymara*, II Seminario Internacional del Pensamiento Andino, Cuenca: UNESCO

Llanque Chana, Domingo

    1990   *La cultura aymara: Desestructuración o afirmación de identidad*. Puno: IDEA, Instituto de Estudios Aymaras.

Ma, Julie C.

    2001   *When the Spirit Meets the Spirits: Pentecostal Ministry among the Kankanaey Tribe in the Philippines.* Frankfurt: Peter Lang.

Mackay, Juan A.

    1952   *El otro Cristo español.* Mexico: Casa Unida de Publicaciones.

Mariátegui, José Carlos

    1976   *Siete ensayos de interpretación de la realidad peruana.* Lima: Amauta.

Martin, David

    1990   *Tongues of Fire: The Explosion of Protestantism in Latin America.* Oxford: Basil Blackwell.

    2002   *Pentecostalism: The World Their Parish.* Oxford: Blackwell.

Marzal, Manuel M.

    1985   *El sincretismo iberoamericano: Un estudio comparativo sobre los quechuas (Cusco), los mayas (Chiapas) y los africanos (Bahía).* Lima: Pontifica Universidad Católica del Perú.

    2002   *Tierra encantada: Tratado de antropología religiosa de América Latina.* Madrid: Editorial Trotta.

Marzal, Manuel M., Xavier Albó, Eugenio Maurer, Bartomeu Melia, y J. Ricardo Robles

    1991   *El rostro indio de Dios.* Lima: Pontifica Universidad Católica del Perú.

Mesa Gisbert, Carlos D., de Mesa José, y Gisbert Teresa

    1997   *Historia de Bolivia.* La Paz: Editorial Gisbert.

Mesa Gisbert, Carlos D.

    1995   *Territorios de libertad.* La Paz: PAT.

Míguez Bonino, José

    1995   *Rostros del Protestantismo latinoamericano.* Buenos Aires: Nueva Creación.

Miller, Daniel ed.

    1994   *Coming of Age: Protestantism in Contemporary Latin America.* Lanham: University Press of America.

Ministerio del nuevo pacto Poder de Dios

    s.f.   'Gran avivamiento de Bolivia a las naciones' http://www.poderdedios.com/ Consultado 2.10.08.

Morrillo, Grace

    2004   *Critique of the Transformations video.* http://www.lam.org/news/article.php?id=371 Consultado 1.09.08.

Murra

    1988   «El aymara libre de hoy» en *Raíces de América: El mundo aimara.* ed. Xavier Albó. Madrid: Alianza Editorial.

Nacho, Arturo

1994   «Historia de la obra Bautista en Bolivia: Un enfoque misiológico al aproximarse a su centenario». Tesis MPhil, Seminario Teológico Bautista.

Naugle, David K.

2002   *Worldview: The History of a Concept*. Grand Rapids: Eerdmans.

Otis, George Jr.

2002   *Transformations: A Documentary*. http://www.youtube.com/watch?v=dBvxWl7jXr0 Consultado 1.09.08

Padilla, René C.

1986   *Misión integral: Ensayos sobre el reino y la iglesia*. Buenos Aires: Nueva Creación.

Phillips, David B.

1968   «Protestantism in Bolivia to 1952». Tesis MPhil, University of Calgary.

Platt, Tristán

1988   «Pensamiento político aymara» en *Raíces de América*, ed. Xavier Albó, 365-443. El mundo aymara. Madrid: Alianza Editorial.

Prado Meza, Amalia

1997   *Dios es evangelista ¿no? Un estudio comunicacional entre collas evangélicos en Tierra de cambas*. La Paz: Plural Editores.

Romeiro, Paulo

2005   *Decepcionados com a graça: Esperanças e frustrações no Brasil Neo-Pentecostal*. São Paulo: Editora Mundo Cristão.

Riviere, Gilles

2004   «Bolivia: el Pentecostalismo en la sociedad aymara del altiplano». 259-294, en *Gracias a Dios y a los achachilas. Ensayos la sociología de la religión en los Andes*. Editado por Alison Spedding. La Paz: ISEAT.

Ruibal, Julio César

1999   *Ungido para la cosecha del tiempo final*. Miami: Editorial Vida.

Sagarnaga, Jedu A.

2002   *Diccionario de la cultura nativa en Bolivia*. La Paz: Producciones CIMA.

Sepúlveda, Juan

1989   «Pentecostalism as popular religiosity» *International Review of Mission* vol 78, No 309: 80-88.

Spedding, Alison

2008   *Religión en los Andes: Extirpación de idolatrías y modernidad de la fe andina*. La Paz: ISEAT.

Spedding, Alison, y Abraham Colque

2002   *Visión del mundo, simbolismo y practicas andinas: Desafíos para el cristianismo*. La Paz: ISEAT.

Stoll, David

    1990   *Is Latin American Turning Protestant?* Berkeley: University of California Press.

Strobele-Gregor, Juliana

    1989   *Indios de piel blanca: Evangelistas fundamentalistas en Chuquiyawu.* La Paz: Hisbol.

Tancara, Juan J.

    2005   *Teología pentecostal: Propuesta desde comunidades pentecostales de la ciudad de El Alto.* La Paz: ISEAT.

Ticona Alejo, Esteban. ed.

    2003   *Los Andes desde los Andes: Aymaranakana, Quichwanakana Yatxatawipa, Lup'iwipa.* La Paz: Ediciones Yachaywasi.

Thomas, Nancy J.

    1998   «Weaving the Word: Writing About God in Culturaly Appropiate ways». Disertación PhD, Fuller Theological Seminary.

Walls, Andrew F.

    1996   *The Missionary Movement in Christian History: Studies in the Transformation of Faith*, New York: Orbis Books.

Willems, Emilio

    1967   *Followers of the New Faith: Culture Change and the Rise of Protestantism in Brazil and Chile.* Nashville: Vanderbilt University Press.

    1978   *Gospel and Culture*, Willowbank Report. Bermudas: Lausanne Occasional Paper 2.

Wilson, Dwight J.

    2003   «Katrhryn Kuhlman (1907-76)» en New International Dictionary of Pentecostal and Charismatic Movements: Revised and Expanded Edition, eds. Stanley Burgess y Eduard Van Der Mass, 826. Grand Rapids: Zondervan.

Zúñiga, Eliseo

    1995   *La gran conquista.* Cupertino: DIME, 2022.

www.ingramcontent.com/pod-product-compliance
Lightning Source LLC
LaVergne TN
LVHW010521200726
843506LV00013B/2668